Daniel Hoch

AF272249

33

REZEPTE

gegen

AUFSCHIEBERITIS®

TEIL 1

© 2020 Daniel Hoch

Umschlaggestaltung:	honigbart®, Jürgen Schulz
Lektorat/Korrektorat:	Lisa Billing
Verlag:	Erfolgshoch Verlag (Inh. Daniel Hoch), Karl-Liebknecht-Straße 66, 04275 Leipzig
Druck:	tredition GmbH, Hamburg
ISBN Paperback:	978-3-948767-13-6
ISBN E-Book:	978-3-948767-14-3
ISBN Hörbuch:	978-3-948767-48-8

Bibliografische Information der Deutschen Nationalbibliothek:
Die Deutsche Nationalbibliothek verzeichnet diese Publikation
in der Deutschen Nationalbibliografie; detaillierte bibliografische
Daten sind im Internet über http://dnb.d-nb.de abrufbar.

Inhalt

1
Einleitung #1

Die 25.000-Dollar-Methode – zum Einstieg eine kleine Geschichte

Da werden die Augen aller Leser erstmal ganz groß! Die 25.000-Dollar-Methode, das hört sich doch vielversprechend an! Ok, es hört sich auch erstmal nach einer von diesen „Werden Sie in 3 Minuten reich – mit diesem Trick!"-Spamnachrichten aus dem World Wide Web an. Das Ganze beruht jedoch auf einer realen Story und einem kleinen effektiven Kniff. Aber erstmal zur Story! Charles Schwab, Mitinhaber eines riesigen Stahlkonzerns, suchte nach Möglichkeiten, sein Zeit- und Arbeitsmanagement zu optimieren. Dafür wendete er sich an den Unternehmensberater und Personal Coach Irving Lee. Der Deal bestand darin, dass Irving Schwab versprach, ihm eine wirkungsvolle Zeitmanagementmethode aufzuzeigen und ihn erst nach dem Eintreten von Erfolgen mit einer ungeklärten Summe auszuzahlen hätte. Irving war sich wohl sehr sicher über den Erfolg seiner Methode und das bestätigte ihm der Scheck über 25.000 Dollar, der nach ein paar Wochen eintrudelte. Welchen Rat hat Irving dem Manager gegeben? Einen wirklich guten, durchdachten Zeitmanagementtrick!

Der geht so:

1. *Mach Dir am Abend eine Liste mit Dingen, die Du am nächsten Tag erledigen willst.*

2. *Überlege, welche dieser Dinge Du erledigen würdest, wenn Du nur eine Sache am nächsten Tag fertigstellen könntest. Schreibe eine Nr. 1 vor diesen Punkt.*

3. *So geht das nun weiter: Welche von den übrigen Sachen würdest Du nun als erstes erledigen, falls Du nur Zeit für eine Sache hättest? Schreib jetzt eine Nr. 2 davor. Und so weiter, bis alles durchnummeriert ist. Mach Dir dabei keinen Stress, sondern nimm Dir zum Überlegen alle Zeit der Welt.*

4. *Der nächste Tag ist angebrochen und als erstes beschäftigst Du Dich mit der Nr. 1 Deiner Liste. Wenn Du diese fertiggestellt hast, dann nimmst Du Dir den Aufgabenzettel und überprüfst, ob die aufgestellte Hierarchie für Deinen Tag noch aktuell ist. Wenn ja, dann beginnst Du mit Punkt Nr. 2, ansonsten mit dem wichtigeren oder dringlicheren Punkt. Und so weiter und so fort.*

Es ist *nicht* das Ziel, jede einzelne Aufgabe zu schaffen, es geht auch nicht darum, die ganze Liste abzuarbeiten. Das ist auch gar nicht nötig beziehungsweise meistens auch nicht möglich. Es ist jedoch nötig, die Liste jeden Abend neu zu aktualisieren und zu überdenken. Sonst läufst Du Gefahr, die Bedeutsamkeit einzelner Aufgaben zu verdrehen und wieder unnötig Zeit zu verschwenden.

1
Einleitung #2

Hallo ihr lieben Aufschieber und Trödler! Jetzt kommt es noch kurz zur klassischen Einleitung, bevor es weiter geht mit 25.000-Dollar-Rezepten! Du liest gerade die ersten Sätze meines neuen Werkes „33 Rezepte gegen Aufschieberitis", deshalb nehme ich mir auch mal die Anrede der Aufschieber und Trödler raus. Nicht sauer sein, das ist nicht böse gemeint. Es ist nämlich so, dass letztlich jeder Mensch mal Aufschieber, mal Trödler ist, in allen Lebensbereichen! Also, ganz ruhig. Ich empfehle Dir sogar einen ausgedehnten Schulterklopfer, nämlich dafür, dass Du gerade diese ersten Sätze liest und somit das Taschenbuch in der Hand hältst und Dich mit Deiner Aufschieberitis beschäftigst.

Die meisten drücken sich schon vor der Vorstellung, dass auch sie an Aufschieberitis leiden könnten. Wie so oft im Leben gilt: Abwarten bringt nichts. Veränderung kommt nicht von allein, naja negative vielleicht. Ja, ok, auch die positive – wir nennen es Glück oder Glück gehabt.

Jeden Tag, egal wo ich bin, ob beim Spazieren, im Fitnessstudio, beim Essen mit Freunden et cetera, höre ich ständig diesen einen Satz: „Das Aufschieben hat mein Leben ruiniert" und „Ach würde ich nur manchmal meinen Arsch hochkriegen". Ok, ok. Ich gebe zu, die Menschen sagen nicht wortwörtlich genau diesen Satz, alle ihre Aussagen sind trotzdem darauf zurückzuführen. Ihre Probleme und Kämpfe basieren auf ihrer Aufschieberitis.

Die Sätze, die sie wortwörtlich sagen, kommen Dir bestimmt bekannt vor, oder?

Hier kommen die Top 5 Heulsusen-Sätze:

1. *Die Arbeit frisst mich auf!*
2. *Ständig braucht Person X etwas von mir!*
3. *Das würde ich ja auch gern mal ausprobieren, aber mir fehlt einfach die Zeit!*
4. *Ich fühl mich oft total schlapp und habe keine Energie mehr für irgendwas anderes!*
5. *Die Zeit vergeht aber auch so unglaublich schnell!*

Nicht zu wenig Zeit und zu viel Arbeit lassen Dich diese Sätze aussprechen, sondern schlechtes Zeitmanagement, schlechte Aufgabenplanung und falsche Prioritätensetzung. Aufgrund langjähriger Erfahrung und intensiver Auseinandersetzung mit dem Thema Aufschieberitis, kann ich die wahren Gründe Deiner Leiden erkennen und Dir helfen. Ich helfe, indem ich den Aha-Moment hervorbringe und mit passenden, effektiven Tipps und Rezepten zur Seite stehe. Manchmal schmerzt meine gern provokante Feder und immer bringt es Inspiration und Entwicklung. Wichtig ist es, die Aufschieberitis nicht zu unterschätzen, leider wird das viel zu oft getan. Meine klare Ansage dazu: Das ist falsch. Aufschieberitis ist *keine* Kleinigkeit. Sie hat große Auswirkungen auf unser Leben und unser Selbst. Dinge, die wir Tag für Tag aufschieben, bereiten uns ein schlechtes Gewissen und rufen negative Gefühle in uns hervor. Das geht an die Psyche, niemand will sich als Verlierer fühlen. Das Gefühl von Unzulänglichkeit steht oft am Anfang einer Depression oder dem Burn-Out-Syndrom. Nur weil Aufschieberitis gesellschaftlich „geduldet" ist, ist sie im wirklichen Leben für niemanden ein duldsamer Zustand. Ja klar, jeder schiebt mal etwas auf, das macht die Sache nicht besser! Sieh es mal so, dadurch, dass so wenige die Krise anpacken, gehörst Du zu den wenigen, die es tun. Für Dich also umso interessanter, da Dich eine Veränderung dieses Verhaltens von allen anderen Menschen abhebt. Letztlich geht es natürlich nicht um Konkurrenzdenken oder andere Vergleiche. Nein, es geht um Dich und um Deine Lebensgestaltung.

- *Wie willst Du leben?*
- *Was nervt Dich?*
- *Was willst Du verändern?*
- *Wer willst Du sein?*

Ich zeige Dir, wie Du die ganze Sache angehst. Es gibt viele effektive Tipps, Tricks und Rezepte gegen die Aufschieberitis. Eine Sache sollte Dir dabei immer bewusst sein: Mit Deinem Denken geht es los. Deine Aufschieberitis ist das Ergebnis, niemals die Ursache. Wahrscheinlich denkst Du jetzt: „mhm … na klar braucht alles seine Zeit, aber ich habe doch einfach keine!" Ok, dann bist Du hier immer noch genau richtig, denn dieses Werk ist darauf spezialisiert, schnelle und wirksame Hilfsmittel gegen Aufschieberitis aufzuzeigen. Im Gegensatz zu meinem Hauptwerk ‚Aufschieberitis – Die Volkskrankheit Nr. 1‘, befasst sich dieses Buch nicht mit den ausführlichen Symptomen, Ursachen, Ausreden von Aufschieberitis, sondern (fast) ausschließlich mit den Rezepten dagegen. Hier findest Du nichts, was mit Ursachen zu tun hat, Du wendest die Rezepte einfach an und schaust, ob es klappt. Funktioniert es, ist das super, klappt es nicht, probier andere Rezepte aus. Klappt es immer noch nicht, dann kauf das dicke Buch und mach Dich auf die Suche nach den Ursachen. Natürlich empfehle ich Dir auch generell die Lektüre meines dicken Wälzers. Wenn Du Dich dafür gerade nicht in der Lage siehst und einfach schnell ein paar Tipps brauchst, dann ist dieses Taschenbuch der perfekte Start! Noch kurz zum Aufbau und dann geht's richtig los.

Wie der Name schon verrät, folgen 33 Rezepte gegen Aufschieberitis, passend für alle möglichen Lebensbereiche. Ich habe mich um ein ausgewogenes Zusammenspiel verschiedener Thematiken und verschiedener Methoden bemüht. Für wirklich jeden ist etwas dabei. Egal was Du machst, egal wie alt Du bist oder wo Du herkommst, in diesem Taschenbuch findest Du Antworten! Gekämpft wird gegen Dinge, die für Dich zur Alltäglichkeit geworden sind und Dich dadurch an Veränderung und Fortschritt hindern.

Aufgeteilt sind die 33 Rezepte in sechs Kategorien:

1. *Denken und Überzeugungen*
2. *Gewohnheiten*
3. *Methoden und Gesetze*
4. *Listen*
5. *Tools*
6. *Apps*

Es gibt keinen richtigen oder falschen Weg, dieses Buch zu lesen. Mach die Augen zu und schlag es einfach irgendwo auf, fang hinten an, klassisch von vorne oder mit Deiner Lieblingskategorie! Ganz wie Du willst, ohne Zwang und ganz wichtig: in *Deinem* Tempo.

Mamaspruch #1: *Du machst das für Dich!*

Ich weiß, dieser Mamaspruch scheint ausgelutscht, doch überleg mal, wie viele Stunden am Tag Du damit verbringst, Dinge für andere zu machen, anderen zu gefallen und besorgt um die Meinung anderer zu sein. Mach Dich selbst zur obersten Priorität, erst dann ist es überhaupt möglich, Dich anderen zu widmen und hundert Prozent dabei zu sein. Glaub mir, Du fühlst Dich besser und hast mehr Energie, anderen *effektiv* zu helfen. Dein Kopf muss erstmal bei Dir sein, bevor er bei anderen mitdenken kann. Wer teilt sein Futter eher, ein hungriger oder ein satter Löwe?

Mamaspruch #2: *Mach das, was Du willst!*

Definier Dich nicht durch andere, nur durch Dich selbst! Mamasprüche sind so nervig, weil Du sie schon tausendmal gehört hast. Allerdings stimmen sie einfach und niemand kann sie oft genug hören. Auch Du nicht. Nimm Dir Mamaspruch #2 also zu Herzen, überlege ganz genau, was Du willst und was Du nicht willst und weniger, was andere von Dir wollen.

Bevor Du weiterliest, ist es hilfreich, sich zu Beginn ein paar Fragen zu stellen. Sie sollen Dir helfen, in das Thema reinzukommen. So fällt Dir der Einstieg leichter. Sie helfen Dir, die Eigenschaften Deiner individuellen Aufschieberitis auszumachen. Nimm Dir für jede Frage einen Moment Zeit und schreib die Antwort in Stichpunkten direkt auf.

Schiebst Du (täglich) auf?

○ *JA* ○ *NEIN*

Welche Dinge schiebst Du auf?

_____

_____

_____

Welche positiven Folgen hatte das Aufschieben schon für Dich?

_____

_____

_____

Welche negativen Folgen hatte das Aufschieben schon für Dich?

_____

_____

_____

Behalte diese Gedanken im Hinterkopf und überlege beim Weiterlesen, welche Mittel Dir spezifisch weiterhelfen. Es ist wichtig, alles, soweit es geht, zu definieren und zu konkretisieren. Wie auch in guten Beziehungen, ist *Kommunikation*, dieses Mal nur mit Dir selbst, das Zauberwort.

Nimm all Deine Gedanken ernst und jaaaa ok ok, sorry, der muss noch sein. Der letzte, versprochen:

Mamaspruch #3: *Finde zu Dir selbst zurück!*

Um zu wissen, was Du willst, ist es durchaus hilfreich, zu wissen, wer Du bist. Ich gehe soweit, zu sagen, dass es notwendig ist. ☺ Schon tausendmal gehört, doch was heißt das eigentlich? Das heißt ganz einfach, dass Du Dich mit Dir selbst auseinandersetzt und Dein Verhalten reflektierst. Jeder Mensch hat Stärken und Schwächen, doch die meisten wollen sich einfach nicht mit ihnen beschäftigen. Kennst Du Deine Schwächen? Ruhe Dich nicht auf Deinen Stärken aus, sondern betrachte mal Deine ganze Persönlichkeit. Wenn Du dann auch Deine Schwächen kennengelernt hast, ist es erst möglich, mit ihnen zu arbeiten und Dich auf sie einzustellen. Nichts ist sympathischer, als ein Mensch, der ganz offen mit seinen Schwächen umgeht. Es macht uns nämlich menschlich, dass wir nicht perfekt sind.

So. Da Mamasprüche natürlich gut und wichtig sind, und oft doch nicht die gewünschte Veränderung erzeugen, brauchst Du noch etwas anderes. Nimm sie als wohlgemeinte Sprüche. Was Du wirklich brauchst, sind veränderte Denkweisen und klare Handlungsempfehlungen. Kurz gesagt: Konkrete Anleitungen zur Bekämpfung Deiner Aufschieberitis!

2
Denken und Überzeugungen

In diesem Kapitel geht es um Dein Selbstmanagement! Bevor es jedoch um bestimmte Verhaltensänderungen geht, fängst Du erstmal woanders an, und zwar in Deinem Köpfchen! Dein Körper reagiert zunächst einmal auf das, was Dein Hirn ihm sagt. Deswegen ergibt es Sinn, erst an Deinem Denken und Deinen Überzeugungen zu arbeiten. Zur schnellen und effektiven Hilfe habe ich Dir die zehn folgenden Rezepte ausgesucht. Sie sind grundlegend für ein gutes Selbstmanagement und ein neues Selbstverständnis!

Dann mal los: Lies weiter und überlege, wie Du direkt eines der nächsten zehn Rezepte in die Tat umsetzt! Deshalb diese Hausaufgabe: Sobald Du heute dieses Buch zuschlägst, machst Du den ersten Schritt, um ein Rezept auszuprobieren!

1. *Mission Statement*
2. *Das Pareto-Prinzip*
3. *Bemühe Dich um positive Routinen*
4. *Höre auf, perfekt zu sein*
5. *Bemühe Dich um einen Mentor*
6. *Bilde Dich weiter*
7. *Das Ameisenprinzip*

Das wohl wichtigste Hilfsmittel in Sachen Aufschieberitis, wer hätte es geahnt, ja genau, das bist DU. Du bist Dein eigenes Kraftwerk, Du hast und bist Dein eigenes Werkzeug. Als erstes arbeitest Du mit Deinem Denken und Deinen Überzeugungen. Los geht's!

Mission Statement

- *Was sind Deine Wünsche für die Zukunft?*
- *Welche Visionen, Pläne und Träume hast Du?*
- *Was tust Du dafür?*
- *Wie setzt Du Deine Träume in die Realität um?*

Deine Mission Statement beschreibt genau diese Handlungen, die Du in der Gegenwart vollbringst, um Deinem Ziel näher zu kommen. Verbreitet ist der Begriff vermehrt in der Unternehmerwelt, denn insbesondere für Deinen Betrieb, Deine Firma et cetera ist ein klares Ziel mit einem klaren Image wichtig. Es ist sozusagen das Herz Deiner Firma, Dein Mission Statement bereitet den Weg zur Zukunft, zu Deinem Ziel. Zurück auf der individuellen persönlichen Ebene heißt das konkret formuliert: Deine Taten machen Dich heute und in der Zukunft aus. Den englischen Begriff Mission Statement übersetzt Du im Deutschen auch mit Leitbild. Leitbilder sind zielführende Mittel für Dich oder auch für Dein Umfeld. Sie wirken nach innen, also als persönliche oder gemeinschaftliche Positionierung, und hier kommt der Knackpunkt: Es ist extrem wichtig, zu wissen, für **was** Du stehst, wenn Du motiviert sein willst. Richtlinien und Prinzipien geben Sinn und dadurch Durchhaltevermögen, beziehungsweise Kraft. Nach Außen ist es die Selbstdarstellung, auch alle anderen sollen verstehen, warum und wofür Du das machst, was Du machst. Durch Dein Mission Statement kommst Du Deiner Vision immer ein

Schrittchen näher. Du musst vorher wissen, wo es hingehen soll, um den Weg zu finden.

TO-DO

Überlege Dir, was Dein Mission Statement ist! Welche Leitbilder sind für Dich entscheidend? Welche Eigenschaften sind Dir am wichtigsten und auf was willst Du unter keinen Umständen verzichten? Um die Definition etwas einfacher zu machen, gibt es einen Trick: Überlege Dir, für was Du auf keinen Fall stehen willst? Dabei hilft Dir auch Rezept Nr. 9 weiter, der Gegenteiltag.

Das Pareto-Prinzip

Das Pareto-Prinzip, der Pareto-Effekt, die 80/20-Regel, wie auch immer Du es nennen möchtest, dieses Etwas enthält eine elementare Erkenntnis in Bezug auf die Aufschieberitis. Nicht die Zeit, sondern die Intensität, mit der Du Dich einer Aufgabe stellst, ist entscheidend! Das Pareto-Prinzip zeigt auf, dass Du nachweislich 80 % der Arbeit mit den ersten 20 % Arbeits*aufwand* erledigst. Für die restlichen 20 % der Aufgabe brauchst Du dann Unmengen an Zeit, um genau zu sagen, etwa 80 % Deines *gesamten* Arbeitsaufwandes. Klingt kompliziert. Lies einfach nochmal von vorne.

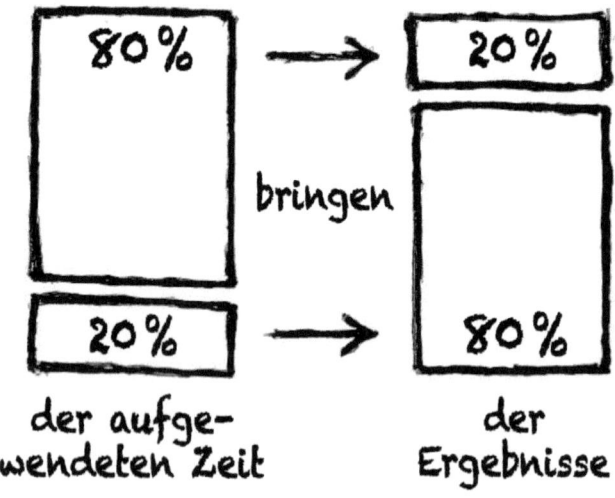

Das Ganze basiert auf der Belastungsfähigkeit Deines Geistes, bei Beginn der Aufgabe bist Du noch hochkonzentriert und sehr belastbar. Mit der Zeit geht dann die Konzentration flöten. Denk mal an Meetings, Besprechungen und Präsentationen. Zu Beginn noch voll dabei und nach 15 Minuten läuft die Spucke aus den Mundwinkeln. Vor Langeweile natürlich.

Hier ein paar Beispiele, wo sich das Pareto Prinzip eingeschlichen hat:

- *20 % deines Kleiderschrankinhalts werden 80 % der Zeit von Dir getragen*
- *20 % der Autoren sorgen für 80 % der Buchverkäufe*
- *20 % der Kunden generieren 80 % des Umsatzes eines Unternehmens*
- *20 % der Verkäufer einer Firma sorgen für 80 % des Umsatzes*
- *20 % der Wissenschaftler sorgen für 80 % der Entdeckungen*
- *20 % der Straftäter sind für 80 % der Straftaten verantwortlich*
- *20 % der Motorradfahrer sind für 80 % der Unfälle verantwortlich*
- *20 % der Biertrinker trinken 80 % des Bieres*
- *20 % der Nationen führen 80 % der Kriege*

Was lernen wir aus dem Pareto-Prinzip? Sobald Du merkst, dass Deine Konzentration nachlässt, hörst Du einfach auf. Es bringt nichts, Dich rumzuquälen, stundenlang vor Aufgaben zu sitzen und einfach nicht weiterzukommen. Mach eine Pause, geh um den Block oder leg Dich einfach mal auf den Boden. Sobald sich Dein Gehirn ausgeruht und Du neue Energie getankt hast, geht es weiter! Achte immer darauf, was Deine effektiven 20 % aus dem Pareto-Prinzip sind! Außerdem sind noch zwei andere Dinge wichtig beim Pareto-Prinzip: Erstens überlegst Du, was genau die ausgewählte Aufgabe Dir bringt. Welchen Wert hat sie für Dich? Welche Aufgabe schafft Dir am meisten Zufriedenheit, hat also den größten Effekt für Dich? Bevor Du Dich also morgens als erstes mit dem ganzen Kleinscheiß von Deiner To-do-Liste befasst, überlege, was wirklich sinnvoll ist. Meistens können diese kleinen schnell erledigten Dinge auf später verschoben werden, wenn Du schon müde bist. Verprass nicht Deine ganze Energie mit einfachen Aufgaben! Zweitens überlegst Du **bevor** Du mit einer Aufgabe loslegst, wie viel Zeit Du dieser Aufgabe widmest.

TO-DO

Nutze Deine Energie und Zeit sinnvoll und überlege Dir nach dem Pareto-Prinzip, wie viel Zeit Du in eine Aufgabe investieren willst, damit Du Deine Energie nicht unnötig verschwendest!

REZEPT Nr. 3

Bemühe Dich um positive Routinen

Wer sich um einen geregelten Tagesablauf bemüht oder bestimmte Aufgaben immer wieder zur selben Zeit erledigt, sorgt zwar für Eintönigkeit und Langeweile, er verringert jedoch auch die Nischen, in denen Zeit zum Aufschieben bleibt. Mit der Motivation, für die Einführung solcher Routinen, ist das so eine Sache. Erinnerst Du Dich an Deinen letzten Neujahrsvorsatz? Ich wette, dass dieser mindestens einmal in den letzten Jahren „regelmäßig Sport machen" war. Am Anfang kommt das Motivationshoch: „Diesmal ist alles anders, ich habe mich verändert und gehe die Dinge jetzt mit 100 % an!" Ja, so ein paar Wochen funktioniert das auch und dann kommt langsam aber sicher das Tief. Hier ist dann der kritische Punkt erreicht und es gilt diesen zu Überwinden. Erinnere Dich, warum und wofür Du überhaupt angefangen hast, was sind Deine ursprünglichen Beweggründe? Bist Du wirklich bereit diese aufzugeben und einzuknicken? Motiviere Dich in dieser kritischen Phase mit besonderen Belohnungen und bleib außerdem selbstkritisch! Knick jetzt nicht ein und fang nicht an, Dir irgendetwas schön zu reden. Es ist nicht zu kalt, zu spät und Du bist auch nicht zu hungrig! Negative Routinen sind zum Beispiel die Kippe direkt nach dem Aufstehen, die Süßigkeiten nach den Hauptmahlzeiten, das Bier nach der Arbeit. Sowas kannst Du Dir ab und zu gönnen, wird es aber zur Routine, ist das Maß überschritten. Bemühe Dich also um positive Routinen! Positive Routinen sind Gewohnheiten, die Deinem Körper und Deinem Geist gut tun. Dinge, die Du in Deinen Alltag einbaust, um auf Dich selbst zu achten. Mehr dazu findest Du auch in Kapitel 3 – Gewohnheiten.

Hier kommen meine sofort einführbaren Top 6 positiven Routinen für den Alltag!

1. Ein halber Liter lauwarmes Wasser

Morgens, direkt nach dem Aufstehen, stellst Du nicht die Kaffeemaschine, sondern den Wasserkocher an. Und dann pfeifst Du Dir erstmal einen halben Liter lauwarmes Wasser rein! Das ist anfangs etwas gewöhnungsbedürftig, deshalb schlage ich vor, dass Du die Dosis zu Beginn etwas senkst und Dich Tag für Tag steigerst. Lauwarm muss das Wasser sein, damit Dein Magen und Deine restlichen Organe keinen unnötigen Energieaufwand mit der Erwärmung des Wassers haben. Kurz gesagt: Der halbe Liter spült Dich ordentlich durch! Deine Verdauung wird angeregt und Dein Körper entgiftet. Zum optimalen Effekt wartest Du am besten mit dem nächsten Kaffee und Frühstück 15-30 Minuten. Das positive daran: Du trainierst Deine Selbstdisziplin und tust Deinem Körper Gutes.

2. Wasser und Tee jucheee statt Kaffee

Gleich geht's ins Meeting und Dein Herz rast, Du schwitzt wie blöd und kannst nicht aufhören an Deinem Kugelschreiber zu kauen. Typische „zu viel Kaffee"-Symptome ... Dieses Gebräu ist einfach so lecker! Trotzdem greifst Du um

Deines Körpers und Kopfes Willen ab sofort auch mal zu anderen Getränken. Und dass ich nicht von Cola, Limo oder Energy Drinks rede, versteht sich hoffentlich von selbst. Mindestens zwei Liter solltest Du am Tag trinken. Tust Du das? Die wenigstens Menschen trinken täglich ausreichend Wasser. Dagegen kämpfst Du leicht an, indem Du Dir eine Karaffe Wasser auf den Arbeitstisch stellst und immer eine Wasserflasche dabei hast. Meine persönliche Nr. 1 ist frischer Ingwertee, einfach die Ingwerwurzel schälen und mit heißem Wasser übergießen. Das auch gerne mehrmals. Bei meinem letzten Urlaub in Marokko bin ich auch großer Fan des dort überall zu findenden Minztees geworden. Der Kniff: Frische Minze und etwas Rosmarin. Nur die Tonne Zucker weglassen! Ansonsten alle anderen Arten von Tee oder, wenn der Kaffeegeschmack unbedingt sein muss, eben mal einen entkoffeinierten Kaffee bestellen. Stell doch mal Deine Kollegen heimlich auf entkoffeinierten Kaffee um, das merkt so schnell keiner! Und der Hausarzt wird's auch danken.

3. Wir haaaaben Hunger Hunger Hunger, haben Hunger Hunger Hunger!

Nach dem Trinken, kommt das Essen! Seine Essgewohnheiten umzustellen, ist nicht einfach, dafür braucht man sehr viel Disziplin. Nach einem anstrengenden Tag ist es einfacher, die Pizza in den Ofen zu schieben oder sonstiges Tiefkühlessen zu verschlingen, als selbst zu kochen. Deshalb klein anfangen: Schneide Dir morgens etwas Obst in eine Box und nimm es mit zur Arbeit, in die Uni oder für den Küchentisch. So snackst Du nebenbei wichtige Vitamine, die Dein Körper braucht. Ebenso gibt es, wer es noch nicht weiß, in vielen Supermärkten ganz großartige Salattheken! Anstatt in der Mittagspause zum Döner-Onkel oder zum China-Imbiss zu rennen, stellst Du Dir lieber einen frischen Salat mit Nüssen und allerlei anderen Toppings zusammen!

4. „Ich finde keinen Parkplatz! Ahhhh!"

Für manche wird dieser Tipp hinfällig sein, denn es betrifft den Weg zur Arbeit, genauer gesagt, die Länge des Weges! Falls Du nicht eine Stunde mit dem Auto zur Arbeit düst, gibt es auch noch andere Alternativen, den Arbeitswegs zu bestreiten. Womöglich kannst Du sogar laufen, ansonsten rate ich zum klassischen Drahtesel. Pflastern viele Berge Deinen Weg, gibt es seit längerer Zeit E-Bikes auf dem Markt und die sind definitiv nicht nur für Rentner. Mach also generell kürzere Strecken zu Fuß oder mit dem Bike, diese positiven Routinen bringen Dir frische Luft und Bewegung. Dein Kopf und Dein Körper werden es Dir danken!

5. Sport, Sport, Sport!

Wie gewöhnst Du Dir das tägliche Workout an? 30 Sekunden reichen zum Beispiel schon für ein paar Liegestütze. Das ist der Anfang Deines Workout-Plans. Nimm Dir ebenfalls 20 Sekunden morgens nach dem Aufstehen und streck Dich mal ganz lang aus. Mach das ganze ruhig noch im Bett, das heißt langmachen, Füße und Zehen, Arme, Hände und Finger weit dehnen. Immer wenn Du daran denkst, dass Du eigentlich Dein Workout machen wolltest, machst Du zumindest 30 Sekunden Hampelmann, Sit-ups oder eben Liegestütze. Oder renn doch zur Abwechslung mal zum Bäcker. Außerdem verstaust Du Deine Trainingsklamotten so schnell wie möglich erreichbar und gut sichtbar, am besten auf dem Beifahrersitz, nur als kleine Erinnerung. Generell ist Sport wirklich für jeden Menschen vorteilhaft! Nach den 30-Sekunden-Anfängen suchst Du Dir die Sportart aus, die Dir Spaß bringt. Das muss nicht das typische Joggen sein, versuch's doch mal mit Gruppensportarten oder einem Yoga-Kurs. *Kleiner Tipp:* Zur Motivation am besten noch einen Freund oder eine Freundin mitnehmen!

Sextens. L'amour

Was ist eine positivere „Routine" als Sex? Überleg mal selbst und sprich mit Deinem Beziehungspartner darüber. Nehmt Ihr Euch genug Zeit füreinander? Kommt es häufig genug zum schönen Beisammensein? Körperliche Nähe ist essenziell für eine Beziehung und ist nicht zu vernachlässigen! Eine bessere Abschaltmethode gibt es gar nicht! Natürlich sind es auch andere Dinge, wie zusammen kochen, Filme gucken, Sport, ausgehen und was es sonst alles gibt, auch Dinge, die Du zu einer positiven Routine machen kannst. Achtet einfach mehr auf die Regelmäßigkeit und sucht Euch zusammen Dinge, die Euch Spaß machen und Eurer Beziehung Halt geben. Bist Du momentan Single? Dann ab nach draußen. Vom routinierten Tinder-Getippe ist noch niemand glücklicher geworden. Überlege Dir zudem, mit welchen Freunden Du welche Gemeinsamkeiten hast und binde einen Freund in eine wöchentliche Aktivität ein

… anstatt miteinander zu schlafen, spielt ihr vielleicht einfach eine Runde Tennis.

REZEPT Nr. 4
Hör auf, perfekt zu sein

Kennst Du das, wenn Du einfach nie zufrieden bist und Du 100 % Kontrolle über Aufgaben, Vorträge et cetera haben musst? Überhaupt machst Du eh am liebsten alles alleine oder kontrollierst zumindest am Ende nochmal alles durch? Das hört sich doch nach einem Perfektionisten an! Beim Perfektionismus geht es grob gesagt um zwei Hauptbestandteile, zum einen, den Wunsch, alles gewissenhaft zu erledigen und zum anderen, dabei so wenig Fehler wie möglich zu fabrizieren. Hört sich eigentlich nicht verkehrt an, oder? „Wo sehen Sie ihre Schwächen?" Auf diese Frage im Bewerbungsgespräch wird nicht selten die „Na, ich bin einfach zu perfektionistisch … blablabla"-Floskel rausgehauen. Wie gesund ist es wirklich, ein Perfektionist zu sein? Im Grunde ist es erstmal kein Problem, wenn Du Deine Aufgaben, Pflichten und so weiter dabei noch einwandfrei erledigst. Zum Problem wird das Ganze erst, wenn Du vor lauter Perfektionismus Deine Erfolge nicht mehr siehst. Das bedeutet, dass extreme Perfektionisten, nur noch ihre Mängel wahrnehmen und meistens sind schon die kleinsten Fehler riesige Niederlagen in ihren Köpfen. Perfektionismus führt zu einem Tunnelblick, bei dem sich die Betroffenen auf zahllose Details konzentrieren, die für das große Ganze nur geringe Bedeutung haben. Dabei verrennen sie sich in Gedanken und kommen schließlich nicht mehr vom Fleck. Dadurch wird der Alltag sehr anstrengend und das Stresspotenzial wächst ins Unendliche. Burn-Out, Depression und viele andere psychische Störungen sind dann mögliche Folgen des Perfektionismus. Außerdem neigen Perfektionisten auffällig oft auch zur Aufschieberitis, das liegt daran, dass immer eine gewisse Unzufriedenheit mit dem Ergebnis bleibt und so die Fertigstellung kontinuierlich aufgeschoben wird. Sie bleiben dann beim Pareto-Prinzip (siehe Rezept Nr. 2) hängen und versuchen, die restlichen 20 % noch zu erledigen und die anderen To-dos bleiben komplett liegen. Nie aufzuhören heißt auch, nie anzufangen, man hat ja ständig zu tun.

Ziel: „Strebe nach Fortschritt, nicht nach Perfektion."

Dieses Ziel ist eben insbesondere durch Fehler erreichbar, denn Mängel erweitern den Horizont. Ohne Fehler hätte Christoph Kolumbus nie Amerika entdeckt. Aus Fehlern lernst Du, deshalb mach möglichst ein paar davon oder plane sie mit ein oder noch besser, mach einfach und wenn sie eintreffen, kannst Du Dich immer noch darum kümmern.

Hier noch **drei effektive Schnelltipps** für Perfektionisten:

1. *Realistische Ziele: Mach Dich zum Realisten! Setze Dich mit diesen Fragen auseinander: Was ist Dir in Deiner verfügbaren Zeit möglich? Welche Erwartungen kannst Du erfüllen? Wo sind Deine Grenzen? Wann schnappt die Perfektionsfalle zu?*

2. *Konkurrenz ausschalten: Schalte Deine Konkurrenz aus! Ähm nein, ich meine natürlich Dein übertriebenes Konkurrenzdenken! Das beschwört nur unnötigen Druck und Ängste in Dir! Arbeite daran, nicht in jedem einen Feind zu sehen. Und dieser Punkt führt direkt zum nächsten.*

3. **Lass Dir helfen:** *Du bist kein einsamer Wolf, Du musst es nicht alleine schaffen! Teamwork ist wichtiger denn je, und falls Du Probleme hast, Deine Mitmenschen um Hilfe zu bitten, arbeite schleunigst daran! Finde die Menschen, die Deine Schwächen ausgleichen und andersrum Deine Stärken brauchen!*

TO-DO

Überlege, inwieweit Du ein Perfektionist bist und an welchen Stellen Dich das in Stresssituationen bringt. Nach dieser Analyse befolgst Du die oben beschriebenen Tipps, um aus der Rolle des Perfektionisten rauszukommen und gelassener zu sein.

REZEPT Nr. 5

Bemühe Dich um einen Mentor

Hattest Du auch schon öfter das Gefühl, ganz allein dazustehen? Du hast eine Frage oder ein Problem und niemanden, an den Du Dich wenden kannst? Oder Du willst Dich nicht an Familie, Freunde oder Kollegen wenden? Dann suche Dir einen Mentor, einen Coach der Dir hilft. Es ist natürlich auch erlaubt, mal Rat in Deinem persönlichen Umfeld zu suchen. Wichtig ist, dass Du Dir sicher bist, dass diese Person wirklich die Richtige für Deine Fragen und Probleme ist? An sich gibt es keinen schlechten Zeitpunkt, sich einen Mentoren zu suchen, ganz egal in welcher Karrierephase Du bist. Ein objektiver Mentor, mit einer Menge Know-how, hilft jedem! Für Dein liebstes Pfannkuchenrezept wendest Du Dich ja auch an einen Profi, nämlich an die liebe Omi. Falls Du schon jemanden im Auge hast, dann sprich ihn einfach mal an! Da die meisten potenziellen Mentoren eine erfolgreiche Karriere haben, haben sie auch oft viel zu tun und wenig Zeit. Das hindert Dich nicht daran, trotzdem nachzufragen, es fordert nur eine aktive Vorbereitung. Überlege Dir, in welchen Bereichen Du glaubst, ein paar Tipps zu brauchen, wie Du Dir den Kontakt vorstellst (Treffen, Telefonate, Mails etc.) und ganz wichtig, was Du den Mentoren bietest. Du empfängst in dieser Beziehung nämlich nicht nur, sondern hast als Mentee auch eine Rolle zu erfüllen. Sei auf jeden Fall immer zu 100 % konzentriert, da schenkt Dir immerhin jemand wertvolle Lebenszeit! Deine Aufgabe ist es, aufmerksam und voll dabei zu sein!

Noch eine Sache: Du brauchst nicht *unbedingt* einen Mentor, um erfolgreich zu sein, Du schaffst das auch alleine, wenn Du das willst. Allerdings: Es braucht viel mehr Zeit. Lern aus den Fehlern von anderen und lass Dir ihre wertvollen Ratschläge geben. Da sparst Du wirklich viel Zeit und Energie!

TO-DO

Überlege Dir, wen Du bewunderst oder mit wem Du manchmal gerne im Leben tauschen würdest. Das ist jetzt nicht Brad Pitt oder Angelina Jolie, sondern jemand, zu dem Du auch die Möglichkeit hast, Kontakt herzustellen. Überlege Dir also, wer diese Person für Dich ist und rufe sie einfach an. Noch besser: Überlege Dir in Deinen besonderen Momenten, was diese Person an Deiner Stelle tun würde.

REZEPT Nr. 6

Bilde Dich weiter

„Es gibt nur eins, was auf Dauer
teurer ist als Bildung, keine Bildung."
– Henry Ford –

Wir lernen nie aus im Leben, das ist eine Tatsache und warum sollten wir das auch wollen? Wissen ist bekanntlich nicht nur Macht, sondern macht (hihi) auch eine Menge Spaß. Denk mal nicht an erzwungene Weiterbildungsmaßnahmen Deiner Arbeit, klar sind Weiterbildungen immer karrierefördernd, aber in diesem Fall geht's um Deine persönliche Entwicklung. Es gibt so viele Möglichkeiten, Dein individuelles Interesse zu verfolgen und Dinge, die Dir Spaß machen, zu vertiefen. Ich rede von Weiterbildungen in Deinem alltäglichen Leben, die Du ganz ohne Zwang auslebst. Um in diese Materie einzusteigen, musst Du wissen, was Du magst und worin Du gut bist. Erzwinge keine Vertiefung in Dingen, die Dich eigentlich nicht interessieren und die Du nur durch gesellschaftlichen Druck im Kopf hast. Du musst nicht jeden Tag Zeitung lesen oder immer die neuesten Trends kennen. Welche Themen bewegen Dich? Welche Hobbys wolltest Du schon immer mal ausprobieren? Es gibt viele Arten, sich selbst zu fördern und zu qualifizieren. Nur durch echtes Interesse wirst Du zum Profi in allen möglichen Gebieten. Fang mit ‚kleinen' Weiterbildungen an. Schwer modern sind zum Beispiel Podcasts! Die meisten sind kostenlos verfügbar und Du hörst sie ganz entspannt auf dem Weg zur Arbeit, zum Einschlafen, zum Frühstück. Wann immer Du Dir dafür Zeit nimmst, nicht findest. Meine zwei Lieblingspodcasts: Erstens ‚Die Kunst, Dein Ding zu machen' von meinem Life Coach Kollegen Christian Bischoff und zweitens ‚Zeitsprung'. Da geht's um alle möglichen Geschichtsthemen. Oder ähnlich zu Podcasts findest Du online auch überall gute Hörbücher. Schnuppervorträge, Webinare, Blogs und und und. Finde Dein Medium, um Dich selbst in den Mittelpunkt zu stellen und Deine Ziele zu verfolgen.

TO-DO

Anstatt heute Abend Fernsehen zu gucken, hörst Du Dir einen Podcast Deiner Wahl an. Gib einfach mal Podcasts bei Google ein und finde raus, welcher Dich interessiert und vorwärts bringt!

REZEPT Nr. 7

Das Ameisenprinzip

1. Es gibt keine Hindernisse, nur andere Wege.

2. Ameisen denken im Winter an den Sommer.

3. Im Sommer denken Ameisen an den Winter.

Was soll das bedeuten? Ameisen sind Arbeitstiere. Und genau da müssen wir aufpassen, denn wir Menschen sind keine Arbeitstiere. Unsere Arbeit bestimmt nicht unser Leben, sie ist ein großer Teil davon und genau aus diesem Grund, ist es das Wichtigste, Wege zu finden, die uns unsere Arbeit angenehm und bedeutsam machen. Hör auf, einfach nur beschäftigt zu sein, fang an, Sinn reinzubringen, echten Sinn, Deinen Sinn. Finde *Deine* Leidenschaft und *Deine* Energie für *Deine* Arbeit. Wir wollen nicht 24/7 an die Arbeit denken, von den Ameisen lernen wir trotzdem viel. Zum einen der erste Punkt:

Es gibt keine unlösbaren Hindernisse,
nur andere Wege.

Suche also immer nach neuen und effektiven Möglichkeiten, Deine Ziele zu realisieren. Das ist nicht immer der leichteste Weg, darum geht es letztlich auch nicht. Es geht um Durchhaltevermögen. From rags to riches. Ameisen denken im Winter an den Sommer und umgekehrt. Sie arbeiten vorrauschauend im Sommer für den Winter und bereiten sich im Winter auf den Sommer vor. Übertrage dieses

Prinzip auf Dein Leben. Gib absolut Vollgas, arbeite nicht nur hart, sondern vor allem clever und überlege Dir in freien Zeiten, wie Du Deine Denk- und Arbeitsweisen entwickelst und optimierst. Um Deine Zukunftsvisionen zu erreichen, bist Du immer zu 100 % dabei. Das heißt nicht, dass es keine Pausen mehr für Dich gibt. Das unterscheidet uns von den Ameisen, Du musst eben den richtigen Ausgleich finden. Es bringt nichts, nachts im Bett noch über Optimierungen Deiner Arbeitsweisen zu grübeln, wenn Du dann am nächsten Tag nicht ausgeschlafen bist. Eine strikte Trennung zwischen Urlaub und Arbeit muss auch nicht sein. Gerade wenn Du super entspannt am Strand liegst, kannst Du ganz objektiv bestimmte Dinge überdenken oder Protokolle lesen, Seminartexte und so weiter. Es muss eben nur für Dich persönlich passen! Entscheide Dich ganz frei, wann Du Dich mit der Reflektion Deiner Arbeit beschäftigst. Beim Ameisenprinzip geht es letztlich darum, dass Du Deinen Arsch hochkriegst und Dich nicht durch faule Ausreden bremsen lässt!

TO-DO

Nimm Dir am nächsten Sonntag mal eine Stunde Zeit, um eine aufgeschobene Sache (Steuererklärung, Briefe, Telefonat etc.) in Angriff zu nehmen. Schreib Dir JETZT auf, welche Aufgabe das sein soll und häng Dir den Zettel an den Kühlschrank!

REZEPT Nr. 8

Das Blumenprinzip

Das Blumenprinzips thematisiert das *richtige Maß*: Nicht zu viel, nicht zu wenig. Entweder überwässerst Du Deine Pflanzen oder lässt sie vertrocknen, beides ist definitiv nicht optimal. Um also lange etwas von Deiner schönen Kentia-Palme zu haben, findest Du das richtige Maß an Wasser. Genauso machst Du das auch mit Deinem Leben, in allen Bereichen. Im Folgenden findest Du wichtige Themen aufgezählt, über die Du Dir unbedingt Gedanken machen musst. Es hilft Dir, einen ausgewogenen und stressfreien Alltag zu erreichen.

Schlaf: Wie viele Stunden Schlaf brauchst Du pro Nacht? Im Durchschnitt sind 6-8 Stunden angemessen, weniger und mehr Schlaf, beides führt zu Übermüdung und damit zur Unaufmerksamkeit. Ergebnis: Du bist nicht mehr fähig, Deine Energie optimal einzusetzen.

Essen: Dein Essverhalten bestimmt nicht Deinen Alltag! Sollte es zumindest nicht. Wie die meisten hast Du bestimmt auch viele Freunde, die bei mangelnder Nahrungszufuhr zum Hangry-Zustand neigen. Hangry = hungry + angry. Das ist nervig. Trainiere Dir an, im Notfall auch mal ohne Essen klarzukommen. Das hat auch mit Kontrolle über Dich selbst zu tun. Achte auf eine ausgewogene und regelmäßige Ernährung. Ich habe beispielsweise immer ein Päckchen meiner Lieblingsnüsse dabei, ein sehr nahrhafter und sättigender Snack für zwischendurch. Müdigkeit und Schlappheitsgefühle liegen oft nicht an zu wenig Schlaf, sondern an Eisen- oder Vitamin-D-Mangel sowie am sch… Gluten.

Aufgaben: Fühlst Du Dich oft überfordert von dem Aufgabenberg, der noch vor Dir liegt? Ganz einfach: Als erstes nutze Deine To-do-Liste (siehe Kapitel 5 Listen) und die 25.000-Methode (siehe Einleitung), diese helfen Dir, wichtige und unwichtige Aufgaben zu splitten und Deine Energie auf die wirklich bedeutsamen Dinge zu lenken. Das Ganze führt dann ganz schnell zur Verminderung von Stress und Überforderung.

TO-DO

Überlege Dir, an welchen Punkten Du über die Stränge schlägst. Wann denkst Du: „Puuh, das war mal wieder zu viel!" oder „Oh, das war wirklich mal wieder ganz schön knapp!" In welchen Situationen findest Du nicht das richtige Maß? Das betrifft auch die Umgangsweise mit anderen Menschen, bist Du schnell genervt und zickst dann andere Kollegen an? Analysiere Deine Verhaltensweise und ändere sie!

REZEPT Nr. 9

Der Gegenteiltag

Was willst Du eigentlich? Die meisten Leute antworten auf diese Frage: „Ich weiß es nicht. Ich weiß einfach nicht, was ich will." Du bist unglücklich und weißt nicht, warum? Du bist mit Deiner jetzigen Position nicht zufrieden, aber weißt auch nicht, wo es hingehen soll? Es gibt einen einfachen Trick, wie Du herausfindest, was Du wirklich willst. Überlege Dir als Erstes, was Du auf keinen Fall willst! Schreib es Dir auf oder beschreibe jemand anderem, was Deine absolute Horrorvorstellung ist. Beschreibe den absolut schlimmsten Job, die mieseste Wohnsituation, die untragbarste Beziehung oder die nervigsten Pflichten, die Du Dir vorstellen kannst. Vielleicht hast Du sie ja auch schon mal erlebt, grab mal tief in Deiner Erinnerung, in welchen Lebenssituationen Du unglücklich warst und warum. Nächster Schritt: Überlege Dir einfach die Gegenteile von dem, was Du beschrieben hast. Stelle Dir also die Frage, was die Gegensätze Deiner Horrorvorstellungen sind und Du kommst Deinen Wunschvorstellungen ganz nah. Wir wissen nämlich meisten sehr genau, *was* wir *nicht* wollen, es fällt uns jedoch schwer, zu definieren, *was* wir wollen! Mit dem Gegenteiltag findest Du Deine Definitionen.

TO-DO

Nimm Dir jetzt direkt ein Blatt und schreib Dir auf, was für Eigenschaften Du an anderen Menschen ganz schrecklich findest und überlege dann, ob Dich selber manchmal solche Eigenschaften beherrschen. Um nervige Verhaltensweisen zu ändern, identifizierst Du sie als ersten Schritt! Befrage gern Deine Freunde und Familie.

3
Gewohnheiten

Test: Wer bist Du? Früher Vogel,
Siebenschläfer oder Faultier?

Wie Leute den Tag beginnen

Kennst Du das? Der Wecker klingelt, gleich musst Du raus aus den warmen Federn, den Schlaf aus den Augen reiben, ab unter die Dusche, ein schnelles Frühstück und aus der Tür in den Tag starten. Sieht das bei jedem gleich aus? Was für ein Morgenritual hast Du? Finde heraus, welcher dieser fünf Aufstehtypen zu Dir passt.

Morgenmuffel

Der Morgenmuffel kommt kaum aus dem Bett und schon ist er schlecht drauf. Vor dem dritten Kaffee solltest Du gar nicht erst versuchen, ihn anzusprechen, andernfalls bekommst Du nur ein abweisendes Grummeln oder eine patzige Antwort zu hören. Der Morgenmuffel selbst hat es auch nicht leicht. Am liebsten hätte er einfach seine Ruhe und wäre ganz für sich allein. Sobald er erstmal aus dem Haus ist und die Müdigkeit von ihm abfällt, kehrt er seine freundliche Seite nach außen. Er oder Du (?) braucht halt einfach mehr Zeit, um in die Gänge zu kommen.

Earlybird

Wecker klingelt. Raus aus dem Bett, rein in die Laufschuhe. Eine Runde um den Block. Unter die Dusche. Runter mit dem Kaffee. Sachen geschnappt. Raus aus der Tür. Wow. Gibt's das wirklich? Disziplin beim Aufstehen, ein eiserner Wille, Strukturiertheit, Energie von der ersten Sekunde des Tages an, zeichnen einen echten Earlybird aus. Das war nicht immer so. Der morgendliche Elan ist das Produkt ständiger Routine und harter Arbeit. Deshalb, wenn Du nicht schon einer bist, kannst auch Du ein Mitglied im Club der Earlybirds werden.

Snoozer

Nur noch zehn Minuten länger liegenbleiben. Wer kennt das nicht? Was früher Muttis Aufgabe war, übernimmt heute die Snooze-Funktion. Und wo wäre ein typischer Snoozer ohne diese Funktion? Bestimmt nicht auf der Arbeit! Denn die Zeit, die Du Dir morgens nimmst, um noch etwas zu dösen, fehlt natürlich an anderer Stelle. Es ist nicht verwunderlich, dass Stress beim Frischmachen, Anziehen und Frühstücken ein fester Bestandteil der Morgenhektik des Snoozers sind. Geben wir es zu, ein bisschen gesnoozt hat jeder schon mal, achte drauf, dass Du es nicht übertreibst. Denn dadurch machst Du Dir doch nur unnötigen Stress.

Anheizer

Ähnlich wie der Earlybird steht ein Anheizer früh und motiviert auf. Wie der Hahn weckt er alle anderen gleich mit auf. Denn er hat viel Energie und Begeisterung, die unbedingt mit anderen geteilt werden will. Die Sache mit einem Anheizer ist folgende: Einerseits muss Du Dir bereits am Frühstückstisch die tollen, ausgefeilten Pläne für seinen Tag anhören, andererseits macht so ein Anheizer auch Frühstück mit frischen Brötchen und vor allem Kaffee für alle.

Kleiner Tipp: Wenn ein Morgenmuffel an einen Anheizer gerät, suche ganz schnell das Weite. Da ist Zoff vorprogrammiert.

Normalo

Wenn Du Dich in keinem der oben beschriebenen Typen wiederfindest, bist Du wahrscheinlich ein Normalo. Das heißt, viel Kaffee und „Irgendwie wird's schon gehen" sind Deine Devise. Weder bist Du morgens sonderlich im Stress, noch kommst Du zu spät aus Deinen vier Wänden. Auf Dich ist Verlass, Du begrüßt freundlich Deine Mitmenschen, doch Deine angenehme Art ist niemals aufdringlich. Von Dir könnten sich die anderen Typen eine Scheibe abschneiden.

Fazit: Und welcher Typ bist Du? An welcher Stelle hast Du gegrinst und Dich selbst wieder erkannt? Na klar, manchmal ist das auch Tagesform abhängig, aber die meisten Menschen sind doch Gewohnheitstiere und neigen zu einem kontinuierlichen Verhalten. Wieso ist das überhaupt wichtig? Ganz einfach, wenn Du weißt, wie Du so tickst, weißt Du auch, wann Deine Energiehöhen sind. Und wenn Du das weißt, weißt Du, wann Du am effektivsten arbeitest. Alles klar? Dazu mehr im folgenden Rezept, einfach weiterlesen!

REZEPT Nr. 10

Energiehoch-Nutzung

Arbeite in Deinen Hochphasen! Bei jedem Menschen gibt es innerhalb eines Tages unterschiedliche Leistungsphasen. Entscheidend dafür ist die sogenannte Chronobiologie. Der Organismus, also Stoffwechsel, Organtätigkeit, Konzentrationsfähigkeit – alles schwankt innerhalb eines Tages erheblich. Dabei unterscheiden sich vor allem die Frühaufsteher. Sie stehen schon früh morgens auf und sind sofort topfit. Und zum anderen die Langschläfer, die abends dafür noch hellwach sind und sich gut konzentrieren können. Diese Typen sind unabhängig von der Schlafmenge, die der Einzelne braucht. Ihre individuellen Leistungsphasen liegen stark zeitversetzt. Wer seinen eigenen Typ kennt und dies im Alltag berücksichtigt, kann seine Leistung, Kreativität und Produktivität deutlich verbessern. Schwierige Aufgaben erledigst Du möglichst in den Hochphasen, den lästigen Kleinkram in den Durchhängephasen. Das Ganze kann aber auch nach hinten losgehen. Es ist wichtig, sich über seinen Rhythmus im Klaren zu sein, ansonsten kann es zu solchen Geschichten kommen: Israelische Wissenschaftler fanden durch Untersuchungen heraus, dass ein Gerichtsspruch durchaus vom Biorhythmus des Richters abhängt. Die Studie untersuchte das Urteilsverhalten in sogenannten ‚Parole Boards‘. In einem Parole Board wird über die Änderung eines Urteils zur Bewährung entschieden, diese Entscheidung trifft ein einzelner Richter ohne Vorwissen über den Fall, mit Hilfe von Sozialarbeitern und Kriminologen. Im Laufe eines Tages kommen da einige Fälle auf den Tisch und es wurde nachgewiesen, dass die Richter eher zur Bewährungsgestattung vor den Pausen und am Anfang des Tages neigen. Das liegt daran, dass zu diesen Zeitpunkten die Richter noch Energie haben, sie waren sozusagen noch ganz frisch, motiviert und dadurch empathischer. An diesem Beispiel sieht man wieder gut, dass der Mensch eben auch „nur" Mensch ist und kein Roboter. Wir sind geleitet von unseren natürlichen Bedürfnissen und müssen uns nach diesen richten.

Also, ein guter Start: Was immer hilft, ist, mit einer schnellen und leichten Aufgabe den Tag zu beginnen. Das fängt schon beim morgendlichen Bettmachen an. Oder bring doch auf dem Weg zur Arbeit, Uni oder Bäcker den Müll direkt mit runter. Dann trittst Du mit einem guten Gefühl und voller Konzentration der ersten großen Aufgabe entgegen. Also reflektiere Dich und finde heraus, an welchen Stunden des Tages Du am effektivsten arbeitest!

TO-DO

Finde raus, welcher Typ Du bist und wann Deine Energiehochphasen zum effektiven Arbeiten sind!

4
Methoden und Gesetze

Das mit den Denkweisen und Überzeugungen aus dem letzten Kapitel ist natürlich sehr wichtig, jedoch verhält es sich mit diesen Vorstellungen oft ähnlich, wie mit Neujahrsvorsätzen. Sie sind gut und ernst gemeint, doch nach einigen Wochen oder auch Tagen sind die Vorsätze nicht mehr präsent und verfliegen im Alltag. Was fehlt sind gewisse Methoden, Regeln und Gesetze, an denen wir uns festhalten, um die neuen Denkweisen und Leitsätze auch wirkungsvoll in unser Leben zu integrieren. Es gibt einige gute und schnelle Tricks, mit denen Du Dich in vielen Bereichen förderst und motivierst. Ich will Dir einige davon zeigen! Für die Macher und Lesefaulen wird es also jetzt besonders interessant, jetzt kommen sofort anwendbare Taktiken, um Deine Aufschieberitis zu steuern. Als erstes überlegst Du, welche Art von „Regeltyp" Du bist. Es gibt zwei prägnante Typen, die meisten Menschen sind jedoch eine Mischung aus beiden. Sobald Du erkannt hast, welchem Typ Du Dich eher zuordnest, ist es leichter, zu überlegen, welche Strategien bei Dir am besten wirken.

Regeltyp 1: Als Kind bist Du nach Hause gekommen und hast Dich erstmal an den Schreibtisch gesetzt, denn lieber die Hausaufgaben direkt erledigen und danach ganz entspannt spielen, anstatt abends noch vor dem Abendbrot die Aufgaben hinzurotzen. Später in der Schule warst Du dann auch immer derjenige, von dem die anderen abschreiben wollten. Du magst einfach gewisse Strukturen in Deinem Alltag und kriegst den Kopf nicht frei, bevor Du bestimmte Dinge nicht erledigt hast. Sie geistern Dir dann ständig durch Dein Hirn und lassen Dich auch im Schlaf nicht los.

→ Für Dich sind besonders solche Strategien geeignet, die Routine und Richtlinien in Deinen Alltag bringen. Es fällt Dir leichter als anderen Menschen, diszipliniert zu handeln und Dinge durchzuziehen. Du hast viel Energie in Dir und brauchst nur klare Strukturen, um Deine Aufschieberitis besser zu kontrollieren. Insbesondere die Tipps zum Thema Zeitmanagement nimmst Du Dir am besten zu Herzen, wie beispielsweise die 25.000-Dollar-Methode aus der Einleitung des Buches.

Regeltyp 2: Als es um die Neujahrsvorsätze ging (die ja ganz schnell auf Eis liegen), hast Du nur mit dem Kopf genickt, ja Du kennst es allzu gut, Vorsätze sind gaaanz schnell vergessen und im hintersten Regal verstau(b)t. Du schiebst und schiebst, soweit es eben geht, auf. Das Wort Deadline ist Dein Antrieb und bevor diese nicht kurz vorm Ablaufen ist, geht absolut gar nichts, na gut, außer maximalem Stress. Im Kopf mit tausend Dingen gleichzeitig beschäftigt und immer am überlegen, was Du eigentlich doch noch vergessen hast. Beim Regeltyp 2 ist es wichtig, mit schnell umsetzbaren Rezepten zu beginnen, um Erfolgserlebnisse zu schaffen und so die Motivation anzuheizen. Klein anfangen und immer weiter ausbauen ist Deine Devise. Beispielsweise mit Rezept Nr. 11, die Eat-the-Frog-Methode! Was das ist? Einfach weiterlesen! Und los geht's!

REZEPT Nr. 11
Eat the Frog

Pack den Stier oder in diesem Fall besser den Frosch bei den Hörnern: In der Regel wird es die unangenehmste Aufgabe sein, die Du die ganze Zeit vor Dir herschiebst. Warum sie nicht sofort morgens hinter sich bringen, wenn Du noch frisch bist? Der Rest des Tages wird Dir umso leichter von der Hand gehen. Nutze Dein Energiehoch am besten für unangenehme Dinge, ob das nun ein Arztterminausmachen ist oder ein Kritikgespräch mit einem Mitarbeiter. Mach das, worauf Du gar keinen Bock hast, was Dir super unangenehm ist, am Anfang des Tages!

Warum? Denk an die Richter aus dem israelischen Forschungsprojekt (siehe Rezept Nr. 10) und Deine Energiehochs! Alle restlichen Aufgaben fallen Dir dann leichter, da Dein Kopf frei von den unangenehmen Sachen ist. Diese blockieren Dich nicht mehr und Du erledigst alles andere viel entspannter. Versuche jeden Tag, Dich mit all Deiner Dir möglichen Beharrlichkeit, den unangenehmen Punkten zu stellen! Es muss zur Gewohnheit werden! Das ist ganz, ganz wichtig, denn hier ist auch der Knackpunkt der Aufschieberitis! Unangenehmes wird am allermeisten aufgeschoben und wenn Du hier schon schwächelst, zieht sich die Schlinge immer weiter um Deinen Hals. Leichter gesagt, als getan. Es gibt einen guten Tipp zur Bewältigung der ganzen nervigen Schei… und zwar musst Du Dich, bevor Du die Aufgabe erledigst, kurz mit den möglichen Konsequenzen auseinandersetzen. Die Angst vor den Folgen, lässt uns nämlich die Aufgabe überhaupt erst aufschieben. Wenn Du siehst, dass die Auswirkungen nicht den Weltuntergang bedeuten, dann konfrontierst Du Dich leichter mit den unangenehmen Dingen des Lebens. Welcher Morgentyp Du bist, hängt stark mit der Frage zusammen, welcher Energiehoch-Typ Du bist! Lies doch nochmal im Kapitel 3 Gewohnheiten nach.

TO-DO

Überleg Dir, welche Aufgabe gerade Dein Frosch ist! Und genau mit dieser Aufgabe beginnst Du morgen Deinen Tag! Keine Ausreden!

REZEPT Nr. 12

Vier Entlastungsfragen

Warum schiebst Du bestimmte Aufgaben auf? Prokrastination ist eine Gewohnheitssache, sie läuft ganz automatisch ab. Ein Schritt in Richtung Besserung ist deshalb, sich sein Verhalten bewusstzumachen und die Gewohnheit zu durchbrechen. Dabei helfen vier bestimmte Fragen, zwischen unnötigen und „guten" Routinen zu unterscheiden. Gute Routinen deshalb, da der Mensch sie braucht, um im Alltag zurechtzukommen. Nicht jede Entscheidung kann tagtäglich neu getroffen werden, das ist zu zeitaufwändig und auch viel zu anstrengend für den Kopf. Mit den folgenden vier Fragen selektierst Du also zwischen guten und schlechten Routinen.

1. Warum überhaupt? Wie wichtig ist die Aufgabe eigentlich noch für Dich? Hat sich das vielleicht über die Jahre geändert und es ist bloß noch Routine? Wie viel Bedeutsamkeit steckt dahinter? Hat es sich einfach zu einer Gewohnheit entwickelt, die vollkommen nutzlos ist? Stelle den Kern der Sache in Frage und überlege, ob dieser noch passend und sinnvoll für Dich ist. Welchen Zweck verfolgst Du genau und was versprichst Du Dir davon?

2. Warum gerade ich? Überlege, ob wirklich Du selbst die Aufgabe erledigen musst. Oft fühlen wir uns für eine Aufgabe zu 100 % verantwortlich und sich davon zu lösen, ist extrem schwer. Entweder haben wir Angst, dass die anderen es nicht „richtig" machen oder wir wollen niemandem zur

Last fallen. Zauberwort: Aufgabenteilung! Gib einen Teil Deiner Aufgaben ab, überlege immer, wie notwendig es ist, dass gerade Du diese Aufgabe erledigst.

3. Warum ausgerechnet jetzt? Bevor Du Dich immer direkt der nächsten Aufgabe stellst, überleg erstmal, wie dringend diese Aufgabe für Dich ist. Hast Du überhaupt schon alle Infos, um sie zu bewältigen? Fängst Du jeden Tag tausend neue Dinge an und kriegst sie nie zu Ende, weil es praktisch gar nicht möglich ist? Du brauchst einen genauen Plan, wann Du was machst. Ansonsten verzettelst Du Dich nur. Diesen Plan entwirfst Du Dir beispielsweise mit Rezept Nr. 23, dem Eisenhower-Prinzip.

4. Warum in dieser Form? Routinen laufen für gewöhnlich auf dieselbe Art und Weise ab. Logisch, würde ich mal behaupten. Das ist nicht unbedingt klug, denn dabei vergessen wir, nach Upgrades zu suchen. Wie kannst Du bestimmte Abläufe verbessern? Geht es eventuell auf eine andere Art und Weise schneller? Wie viele Fliegen schlägst Du mit einer Klappe? Ein positiver Nebeneffekt dieses Denkens ist zum Beispiel, dass die Aufgaben durch die neue Art und Weise wieder Spaß machen!

Und nun nutze die Fragen auch für alle, die etwas von Dir wollen und ballere ihnen diese vier Fragen an den Kopf, bevor Du wieder mal denkst: „Mist, ich will diese Aufgabe nicht machen." und „Warum kann ich nicht Nein sagen?"

TO-DO

Geh mal ruhig in Gedanken durch, wann Du das letzte Mal zu etwas Ja gesagt hast, obwohl Du eigentlich lieber Nein gesagt hättest. Und jetzt stell Dir die vier Entlastungsfragen zu dieser Situation. Warum überhaupt? Warum gerade ich? Warum ausgerechnet jetzt? Warum in dieser Form? Und war es gerechtfertigt, dass Du Ja gesagt hast? Welche Antwort gibst Du im Nachhinein?

REZEPT Nr. 13

Parkinsonsche Gesetz

„Ach, ich habe ja noch Zeit dafür" ...
Kurz vor der Deadline: PANIK!

Das Parkinsonsche Gesetz besagt, dass die Erledigung von Aufgaben bestimmt wird von der verfügbaren Zeit, nicht von dem eigentlichen Arbeitsaufwand. Beispiel: Hast Du zwei Wochen Zeit zum Essayschreiben, wirst Du diese auch brauchen, obwohl es auch innerhalb von zwei Tagen gehen würde. Typische Studi-Angewohnheit. Das Parkinsonsche Gesetz verkörpert sozusagen *den* Inbegriff des Aufschiebens. Hast Du Zeit zum Aufschieben, dann nutzt Du diese auch. „Mach ich morgen", diesen Satz denkst Du Dir jeden Tag.

Wie schummelst Du Dich an der Regel vorbei? Wie setzt Du Dir Deine eigene Deadline? Und wie willst Du diese dann auch noch einhalten? Das ist doch übermenschlich? Ja, es ist schwer, deshalb gibt's ja überhaupt dieses Büchlein. Keep calm! Der erste Schritt ist, sich diesem Gesetz bewusstzuwerden, vielleicht merkst Du ja schon gar nicht mehr, wie viel unnötige Zeit Du für bestimmte Dinge brauchst. Es hilft auch, Dir eigene Belohnungen zu setzen, insofern Du Deine selbstgesetzte Frist einhältst! Um das Parkinsonsche Gesetz zu brechen, definierst Du Deine Aufgabe ganz genau, mach exakt das, was Du Dir vorgenommen hast! Schätze realistisch ein, wie viel Zeit Deine Aufgabe einnimmt und wie viel Zeit Du ihr geben willst. Du unterscheidest dabei zwischen drei Zielen:

1. *Maximalziel*

2. *Realistisches Ziel*

3. *Minimalziel*

Also das Maximalziel ist das Nonplusultra-Ziel, das Ziel, was Du im besten Fall erreichst. Aber da Du ja nach dem Parkinsonschen Gesetz vermutlich nicht die Zeit hast, die Du zur Umsetzung dieses Zieles brauchst, kommt das realistische Ziel ins Spiel. Als nächstes überlegst Du Dir, welches nach dem Maximalziel das realistische Ziel ist. Du überlegst Dir also, welches Ziel, gemessen an Aufwand und Zeit, realistisch und adäquat ist. Falls alle Stricke reißen, gibt es noch das Minimalziel, was tust Du, damit Du Dein Ziel doch noch erreichst? So hast Du einen Überblick und eine konkrete Zieleinschätzung.

TO-DO

Womit beschäftigst Du Dich gerade? Was ist Dein nächstes Ziel oder Deine nächste Aufgabe? Nachdem Du Dir das überlegt hast, schreibst Du Dir Dein Maximalziel, Dein realistisches Ziel und Dein Minimalziel auf. Mal sehen, welches Du erreichst!

REZEPT Nr. 14

Salami-Taktik

Kennst Du das, wenn Dir eine Aufgabe, ein Problem oder auch ein Wunsch beziehungsweise Ziel von Dir unerreichbar erscheint? Du hältst es für unmöglich, es jemals zu realisieren? Dann kommt die Methode mit dem lustigen Namen ins Spiel! Die Salami-Taktik. Was es damit auf sich hat, ist gar nicht so leicht zu erraten. Ich löse es mal auf, also die Salami-Taktik bedeutet, dass Du Deine Aufgaben, Probleme, Wünsche und Ziele in kleine Teile zerschnippelst. Wie Goethe schon wusste: „Wer sichere Schritte tun will, muss sie langsam tun." Langsam, bedacht und mit viel Ausdauer, dann erreichst Du auch Deine großen Ziele. Also, wer das mit der Salami noch nicht verstanden hat, hier nochmal für alle: Wie eine ganze Salami in dünne Scheiben geschnitten wird, werden auch die großen Aufgaben in kleine segmentiert. Stück für Stück wird das Ganze angegangen. So baust Du für Dich Stress und Überforderung ab und Selbstbewusstsein auf. Reduziere durch die Salami-Taktik die Komplexität Deiner Ziele und wandle sie in umsetzbare Prozesse um. Hier die drei Grundschritte zum Gebrauch der Salami-Taktik:

1. *Definition* → *Was genau ist Dein Ziel?*

2. *Spezifizierung* → *In welche Teilschritte kannst Du Dein Ziel aufteilen?*

3. *Planung* → *In welcher logischen Reihenfolge erfolgen die Teilschritte?*

Und dann heißt es LOSLEGEN!

Die Salami-Taktik ist so großartig, weil sie wirklich in jeder Situation anwendbar ist. Geht es um das Aufräumen der Wohnung, ein Projekt am Arbeitsplatz, Marathonlaufen, Frühjahrsputz, Steuererklärung, Partyplanung und und und. Mit jeder Scheibe wird es einfacher und irgendwann ist die Salami weg und die nächste ist dran. Lecker. Vegetarier und Veganer dürfen sich gerne auch Sellerie-Taktik merken.

TO-DO

Gibt es momentan ein größeres Problem oder eine schwierige Aufgabe, mit der Du Dich rumschlägst? Hast Du einen dicken Stein im Magen liegen? Wenn ja, überlege Dir mit der Salami-Taktik, wie Du aus dem großen Problem oder der großen Aufgabe, viele kleine Probleme oder Aufgaben machst. Und dann arbeite sie Stück für Stück ab.

REZEPT Nr. 15

Goldene Stunde

Dauernd klingelt das Telefon, die Kollegen sind auch die ganze Zeit am Schwatzen und ein Freund nervt Dich ständig mit Nachrichten bezüglich seines Umzugs. Der Kopf wird immer voller und voller. Kennst Du das Gefühl? Da gibt's nur eine Lösung und diese ist glücklicherweise sehr effektiv und macht auch noch Spaß. Außer Du bist ein komplett durchgeplanter Workaholic, dann wird's etwas schwieriger. Also, die Lösung gegen den ganzen Stress von außen ist die Goldene Stunde. Eine festgelegte Stunde am Tag, in der keinerlei Ablenkungen vorkommen dürfen. Das heißt auch: Smartphone aus! In dieser Stunde erledigst Du die wichtigsten Aufgaben. Lass Dich von nichts und niemandem stören. Eine volle Stunde ohne irgendwelche fremdbestimmten Ablenkungen. Kämpfe und beschütze diese Zeit. Es ist Deine Zeit.

TO-DO

Lege jetzt eine Goldene Stunde für Deinen morgigen Tag fest und wiederhole dies mindestens sieben Tage.

REZEPT Nr. 16

Vision des Tages

Ich weiß nicht, welcher Typ Aufsteher Du bist, ich für meinen Teil brauche immer erstmal etwas Ruhe und noch fünf Extraminuten im Bett. Wie ist es bei Dir? Brauchst Du erstmal Deinen Kaffee, bevor Du überhaupt den Mund aufkriegst oder springst Du direkt unter die Dusche, sobald das erste Weckerklingeln ertönt? Lies doch nochmal im Kapitel 3 Gewohnheiten oder „Wer bist Du? Früher Vogel, Siebenschläfer oder Faultier?" nach. Für diesen Tipp ist es nur wichtig, dass Du Dir, egal welcher Typ Du bist, morgens ein paar Minuten Zeit nimmst und überlegst, was Deine Vision des Tages ist. Wie gehst Du heute in den Tag, worauf freust Du Dich und was willst Du schaffen? Was ist Deine Priorität Nr. 1? Angelehnt an das Rezept Nr. 1, Mission Statement, hilft Dir die Vision des Tages, den Fokus auf Deinen Ziele zu halten. Du machst Dir morgens bewusst, nach welchen Zielen Dein Tag verlaufen soll. Und nach ein paar Tagen erkennst Du, dass Deine Energie nicht immer zu 100 % optimistisch sein wird. Es ist vollkommen okay, seine Ziele an einem schlechten Tag nicht in den Himmel zu setzen. Nimm Dir einfach ein paar kleinere Aufgaben vor und erledige sie! Danach fühlst Du Dich automatisch besser!

TO-DO

Hattest Du heute eine Vision des Tages? Wie soll Dein Tag morgen aussehen? Überlege Dir jetzt Deine Vision des morgigen Tages. Worauf hast du Lust und was wäre toll, wenn du es endlich erledigst?

REZEPT Nr. 17

Teile Deine Ziele mit anderen

Es ist die eine Sache, Deine Ziele aufzuschreiben, generell ist es wichtig, um Dir Deiner Ziele bewusst zu werden und sie wirklich zu realisieren. Ein Überblick, eine Erinnerung und Deine Motivation! Die andere, zweite wichtige Sache: Mach Deine Ziele auch bekannt! Seine Entscheidung öffentlich zu machen, bewirkt zweierlei: Andere Menschen setzen Erwartungen in einen und Du selbst ebenfalls. Es hilft, sich mental und emotional auf sein Ziel zu konzentrieren und alles daranzusetzen, es zu erreichen. Seine Ziele anderen mitzuteilen, ist kein Erfolgsgarant. Es ist ein gutes Indiz, wie sehr Du Dich Deiner Sache verschrieben hast. Außerdem hilft es, Deine Ziele durch andere prüfen zu lassen, Du kriegst Feedback von Deinen Freunden, Kollegen, Familie etc. und das trägt immer zu einer gelungenen Selbstreflektion bei. Was hinzu kommt ist der extra Druck von außen, einerseits machst Du Dir also selbst Druck (innerer Druck) und durch Deine Ansage kommt auch von Deinem Umkreis Druck (äußerer Druck). Das ist ein ganz normales Ego-Ding, Du beweist es jetzt nicht mehr nur Dir selbst, sondern auch allen anderen! Das Wort Druck klingt erstmal negativ, das ist es in diesem Falle nicht, er hilft Dir einfach, dranzubleiben und nicht direkt einzuknicken. Falls Du doch mal schwach wirst, ist das auch nicht schlimm, Dein soziales Umfeld wird Dich dafür nicht tadeln, sondern motivieren, es weiter zu versuchen. Das heißt, auch wenn Du Dich vor den anderen beweisen willst, es ist kein Wettkampf!

Schalte das Konkurrenzdenken aus, es wird Dir helfen, Dich auf Dich selbst zu konzentrieren! Betrachten wir das Ganze von der Seite der Seelenklempner, kommt der Konsistenzeffekt ins Spiel. Dieser beschreibt den Umstand, dass Menschen versuchen, ihr Verhalten und ihre Äußerungen auf einen Nenner zu bringen. Kurz gesagt: Das, was Du tust und das, was Du sagst, sollten stimmig sein. Das bewirkt nämlich ein gleichmäßiges und beständiges Wahrnehmen der Persönlichkeit, sowohl persönlich, als auch aus der Sicht des sozialen Umfelds. Der Mensch bemüht sich um die Darstellung einer schlüssigen und Sinn ergebenden Persönlichkeit. Der Konsistenzeffekt, also der Abgleich zwischen Verhalten und Äußerungen, erzeugt diese gewünschte Persönlichkeit.

TO-DO

Welche Ziele hast Du momentan? Such Dir eins aus und erzähle Deinem besten Freund oder Deiner besten Freundin davon! Das geht auch easy über Whatsapp! Dann hast Du es sogar schriftlich. Na oder noch besser: Poste es auf Facebook oder Instagram.

REZEPT Nr. 18

Vermeide Unterbrechungen

E-Mails kündigen sich im Posteingang an, mal klingelt das Telefon, mal das Handy, mal der Blackberry, mal platzen Kollegen ins Büro. Das ist schädlich für die Produktivität. Wissenschaftler der Universität Kalifornien fanden heraus (und dann wieder herein -Witz-), dass sich ein Büromensch gerade elf Minuten einer Aufgabe widmen kann, bevor er unterbrochen wird. Was noch schlimmer ist: Nach der unfreiwilligen Pause dauert es teils bis zu 25 Minuten, bis Du den Faden wieder aufgenommen hast. So wirst Du nie fertig. Unterbrechungen kommen also einerseits aus unserem Umfeld, andererseits sind sie selbstverschuldet. Es gibt verschiedene Möglichkeiten zur Reduktion von störenden Einschnitten, Rezept Nr. 15, Die Goldene Stunde, ist beispielsweise eine Taktik, um Unterbrechungen zu vermeiden.

Wie auch in jeder guten Beziehung ist das Zauberwort: Kommunikation. Teile Deinen Mitmenschen mit, dass Du jetzt unbedingt Ruhe brauchst und auf keinen Fall gestört werden willst. Und falls doch jemand was von Dir möchte, scheu Dich nicht davor, einfach Nein zu sagen. Nein. Vertröste die Person auf eine spätere Stunde! Vielleicht hast Du Glück und in dieser Zeit, ist das Problem von der Person selbst oder von jemand anderem als Dir gelöst worden. Um Dich vor Dir selbst zu schützen, schalte alle Deine elektronischen Geräte aus. Ciao Social Media! Du arbeitest dann viel effizienter und effektiver. Außerdem kannst Du Dich auf die ganzen Nachrichten freuen, wenn Du Deine Aufgaben erledigt hast und wieder an Dein Smartphone gehst.

Ach, und was schon in der Schulzeit galt: Ein freier und aufgeräumter Arbeitsplatz, sorgt für einen freien und aufgeräumten Kopf!

TO-DO

Überlege Dir, welche Unterbrechungen Du heute alle erlebt hast. Welche davon waren theoretisch vermeidbar? Achte in Zukunft darauf, ob solche Unterbrechungen häufiger vorkommen!

Lies Deine E-Mails nicht sofort

Wie viele E-Mails bekommst Du am Tag? Vergeht auch mal ein Tag ohne neue Nachrichten? Das ist sehr unwahrscheinlich. E-Mails sind insbesondere im Arbeitsleben allgegenwärtig, auch sonst läuft viel Organisation über Deinen E-Mail-Verteiler. Es gibt einen Grund, warum es das Wort E-Mail-Management gibt, ja dieser ist recht simpel: Weil es nötig ist. Früher war der E-Mail-Verkehr noch nicht so ausgeprägt und prägend wie heute. Den Überblick zu behalten, ist gar nicht mehr so einfach, es geht auch um die Zeit zum Lesen, zum Antworten, zum Organisieren, zum Priorisieren, und und und.

Ein wichtiger Tipp: Lies Deine E-Mails nicht sofort.

Es gibt bereits eine so genannte Slow-E-Mail-Bewegung. Anhänger öffnen ihre Post nur noch zweimal am Tag. Dasselbe gilt für Anrufbeantworter oder Anrufe. Schaue nicht ständig nach neuen Mails, das ist eine störende Unterbrechung Deiner Leistungsfähigkeit. Mach Dir also am besten zwei Termine, die für Dich zeitlich Sinn ergeben, pro Tag fix und kontrollier nur zu diesen Zeitpunkten Deine E-Mails. Ach ja und wo wir gerade beim Thema E-Mails sind, da gibt's einige Richtlinien, die wirklich jeder kennen sollte. Die kommen jetzt.

Ein schneller Exkurs zum Thema: Die richtige E-Mail – eine kleine Geschichte

Neulich, als ich wieder mal mit meinem guten Freund, einem Top-Manager in einem führenden Unternehmen der Stahlbranche, telefonierte, erzählte er mir von seinem übervollen E-Mail-Fach. Und dass ihm ständig jede Menge elektronische Post entgegenquillt. Er ärgert sich jeden Tag über spamartige E-Nachrichten. Und überhaupt, er bekommt ständig viel zu viele und viel zu schlecht geschriebene E-Post. Er berichtete mir, dass er jeden Morgen im Büro ankommt, voller Eifer seine E-Mails zu lesen beginnt, jedoch bereits meistens nach den ersten Zeilen entnervt, gelangweilt und vollkommen demotiviert ist. Er lachte mit einem weinenden Auge ins Telefon: „Oh Mann! die Form, die falschen Anreden oder einfach nur schlecht geschrieben! Oder was denkst Du? Verstehe ich keinen Spaß, weil ich das als Attachment angehängte Katzenvideo (schon) wieder nicht lustig finde?" Bei dem Gespräch mit meinem Freund, fiel mir auf, dass ich früher dasselbe Problem hatte, so ganz sicher war ich mir auch nicht, wie ich die perfekte E-Mail verfasse. Es ist wirklich gar nicht so ein ungewöhnliches Problem. Ich ließ damals meine Unwissenheit jedoch nicht auf sich beruhen, auch weil ich wusste, für die Karriere ist dieses Wissen unersetzlich. Und so lernte ich die Regeln, um eine einwandfreie E-Mail verfassen zu können. Also aufgepasst.

1. Überlege Dir immer, wem Du schreibst. Damit meine ich nicht nur, dass Du versuchst, Dich in die Person hineinzuversetzen, der Du eine Nachricht übermittelst. Sondern mach Dir als Erstes Gedanken, an wen Du sonst noch Deine Nachricht übermittelst. Oft ist es im Geschäftsalltag üblich, stets Leute in CC zu setzen. Es passiert auch oft, dass es manche übertreiben und Du dadurch E-Mails erhältst, bei denen Du dann nicht weißt, was sie mit Deiner Arbeit eigentlich zu tun haben. Wenn Du selbst stets darauf bedacht bist, gezielt bestimmte Personen zu erreichen, wirst Du mit weniger spamartigen Nachrichten belohnt werden.

2. Finger weg von den VERSALIEN, das heißt nicht nur in Großbuchstaben zu schreiben. Damit machst Du Dir keine Freunde. Des Weiteren verzichte auf viele Rufzeichen und auf gar keinen Fall verwendest Du Emoticons. Das wirkt höchst unprofessionell, also merke Dir: Das Gesamtpaket aus VERSALIEN, Rufzeichen und Emoticons ist ein absolutes No-Go. Und die Einzelteile des Gesamtpakets sind auch zu unterlassen.

3. Versuche auf den Punkt zu kommen. Schreib eine E-Mail ruhig mal schnell runter und lies dafür immer Korrektur. Wenn Du jede Nachricht nochmal auf Fehler und Stimmigkeit untersuchst, merkst Du, dass Du in Deiner Korrespondenz anders wahrgenommen wirst. Verfasse Deine Nachricht klar und nüchtern. Zeig bereits in Deiner schriftlichen Kommunikation, dass Du genau weißt, was Dein Anliegen ist und dass Du Dir vollkommen im Klaren über die Wichtigkeit Deiner Kontaktaufnahme bist. Ich brauche an dieser Stelle wohl nicht zu erwähnen, dass in einer ernstgemeinten E-Mail Ironie fehl am Platz ist.

4. Anstatt Anhänge zu verschicken, ist es besser, am Ende Deiner E-Mail mit Verlinkungen zu Inhalten im Netz zu verweisen. Auf Anhänge zu verzichten, wenn es möglich ist, ist immer ein guter Tipp. Nichts ärgert mich so sehr, wie ein voller E-Mail-Speicher aufgrund unnötiger Anhänge. Außerdem ist es auch ratsam, Deine Links nicht in Deinen Text einzuarbeiten, sondern wie Quellenverweise nach dem inhaltlichen Teil mitzusenden.

5. Um Deiner E-Mail den richtigen Bogen zu verleihen, mache Dir auch Gedanken über die Grußformel. Schreibe alles stets aus, verwende also keine Abkürzungen, wie MfG oder Ähnliches. Mit einem formaleren Ende mit anschließender Signatur, inklusive Kontaktdaten bist Du gut beraten.

So, das waren meine kleinen Tipps zum Thema E-Mail verfassen. Wie Du merkst, ist mir das Ganze ein Herzensthema. Für mich ist eine E-Mail ganz klar eine Repräsentation meiner Selbst und meiner Vorstellungen. Jetzt geht's gleich weiter mit den Rezepten!

TO-DO

Mach Dir jetzt feste Zeiten zum E-Mail-Checken für die ganze Woche fest. Zieh das eine Woche lang durch und dann entscheidest Du, ob das System für Dich funktioniert, oder nicht.

REZEPT Nr. 20

Schalte Zeitfresser aus

Was raubt Dir am Tag die meiste Zeit? Womit hältst Du Dich besonders gerne und lange auf? Muss das sein? Ist das sinnvoll und produktiv? Andernfalls: Setze Dir bewusst Grenzen. Um herauszufinden, wo Du die meiste Zeit verlierst, gibt es ein einfaches Rezept: Falls die Zeit tagsüber mal wieder knapp wurde, nimm Dir abends ein paar Minuten Zeit und reflektiere, wie das passiert ist: Vielleicht zu viel mit den Kollegen gequatscht? Oder auf der Straße jemand Bekanntes getroffen? Schreib Dir auf, bei welcher Tätigkeit Du wie abgelenkt wurdest, das hilft Dir einen Überblick über Deine Zeitfresser zu schaffen. Im modernen Smartphone-Zeitalter birgt speziell eine Sache eine große Gefahr, die Zeit um Dich herum zu vergessen, und zwar die ganzen unendlich interessanten Dinge im Internet. Du willst nur kurz einen Artikel zu Ende lesen, dieser führt Dich direkt zu drei weiteren. Du bleibst im Wikipedia-Universum hängen, weil es einfach so viele faszinierende Themen gibt? Das funktioniert durch das Schneeball-Prinzip. Durch Deine Einstiegsquelle/-artikel findest Du immer weitere Quellen/Artikel. Reduziere diesen Prozess gezielt auf zwei bis drei weiterführende Recherchen. Dann ist Schluss!

TO-DO

Gewöhn es Dir ab, jede Kleinigkeit direkt zu Googeln! Zum einen ist das immer ein fettes Ablenkungsmanöver, zum anderen verarbeitest Du solche Informationen nicht gehaltvoll. Nach ein paar Stunden weißt Du gar nicht mehr genau Bescheid, was Du da eigentlich gelesen hast. Sobald Du etwas googeln willst, machst Du Dir ab jetzt erstmal eine schnelle Sprachnotiz und dann abends, wenn Du mal 'ne ruhige Minute hast, guckst Du Dir genau an, was Du wissen willst und nimmst Dir Zeit, auch etwas mehr darüber in Erfahrung zu bringen.

Sei nicht immer erreichbar

Ständig will jemand was von Dir!? Das dämmst Du ganz einfach ein: Sei nicht immer verfügbar. Das ist auch nicht Deine Pflicht. Schalte Dein Smartphone ruhig mal in den Flugmodus. Ob auf der Arbeit oder zu Hause, Du entscheidest, wie viel Zeit Du in welche Aufgaben oder auch Menschen investierst. Na klar hältst Du Dich an bestimmte Regeln, Du lässt jedoch nicht alles über Dich ergehen. Dein Umfeld muss auch mal ohne Dich klarkommen. Dieses allgegenwärtige Verfügbarsein verursacht nur Stress. Außerdem führt die ständige Erreichbarkeit nur zu Unterbrechungen im Arbeitsfluss. Und einmal draußen brauchst Du wieder Zeit, reinzukommen. Nach der Arbeit musst Du nicht mehr für Deinen Chef oder Kollegen erreichbar sein. **Guter Trick:** Besorg Dir ein zweites Handy! Ein Handy für die Arbeit und eins für die Freizeit. Klassische Arbeits- und Freizeittrennung.

TO-DO

Beginne damit, Dein Handy nachts auf Flugzeugmodus zu stellen! Nachts schläfst Du, da bist Du nicht erreichbar. Punkt.

REZEPT Nr. 22

Such Dir Kontrolleure

Der unrealistische Optimismus Vorsätze einzuhalten, ist bei den meisten Menschen nach etwa drei Monaten verflogen. Wie sieht's bei Dir aus? Erreichst Du Deine Jahresziele? Hast Du die Diät jemals durchgezogen? Gehst Du noch regelmäßig ins Fitnesscenter? Isst Du gesund bei der Arbeit? Trinkst Du genug Wasser? Bist Du selbstbewusster geworden? Dich selbst kontrollieren bedeutet, dass Du Dir Strukturen schaffst, in denen Du Dich an Deine Vorsätze erinnerst. Hier ein paar Ideen bezüglich der Selbstkontrolle:

- *Akkurate **Vorbereitung** der Vorsätze, woran musst Du denken, um Deine Absichten in die Tat umzusetzen? Leg Dir beispielsweise Deine Sportklamotten rechtzeitig raus und pack Dir die Tasche gleich fertig ins Auto.*

- *Ein weiterer effektiver Weg ist die Suche nach einem **Komplizen**! Finde jemanden, der dasselbe Problem hat beziehungsweise denselben Vorsatz und motiviert euch gegenseitig. Falls ihr euch nicht regelmäßig seht, ist ein wöchentliches Telefon-Update optimal. Auch eine gute Möglichkeit, um sich mit alten Freunden zu vernetzen und den Kontakt nicht zu verlieren. In meinen Studi-Tagen hatten ich und ein Freund beispielsweise die 3-2-1-Wochenregel als Abmachung. Drei Tage in der Woche keine Serien gucken, zwei Tage keinen Kaffee und mindestens einmal wöchentlich sportlich aktiv werden.*

- *Beziehe Dein **soziales Umfeld** als Kontrolleur mit ein (siehe Rezept Nr. 22), erzähle Deinem Partner, Deinen WG-Mitbewohnern oder Deinen Arbeitskollegen von Deinen Zielen und bitte sie, Dich zu unterstützen und zu erinnern.*

- *Häng Dir kleine **Zettel** als Erinnerung an die Wände, wie zum Beispiel ‚Müll raus bringen‘ an die Haustür oder ‚Geburtstagsgeschenk‘.*

TO-DO

Such Dir Deinen ersten Komplizen! Was willst Du diese Woche erreichen? Vielleicht einfach mal eine Woche keinen Alkohol trinken? Einen Tag fasten? Jeden Tag pünktlich zur Arbeit kommen? Nimm Dir eine Sache vor und binde direkt jemanden aus Deinem Bekanntenkreis ein. Erlaube ihm oder ihr, Dir richtig auf die Nerven zu gehen, Dich zu pushen.

Das Eisenhower-Prinzip

Dwigth D. Eisenhower war ein ehemaliger US-Präsident und General der Alliierten. Er ist Begründer und Praktizierer des nach ihm benannten Prinzips. Das Eisenhower-Prinzip eignet sich sehr gut, um Aufgaben und Ziele in unterschiedliche Prioritäten einzuordnen. Um diese Methode richtig anzuwenden, stellst Du Dir vier Quadranten entlang zweier Achsen vor. Diesen Feldern weist Du nun vier verschiedene Eigenschaften zu. Links unten befinden sich Erledigungen, welche für Dich „nicht wichtig" UND „nicht dringend" sind. Rechts oben hingegen, befinden sich Dinge, die für Dich „dringend" UND „wichtig" sind. Die anderen beiden Felder sind für „wichtig aber nicht dringend" beziehungsweise „nicht wichtig aber dringend" reserviert. Anhand der Einteilung mithilfe des Eisenhower-Prinzips ist es Dir möglich, Deinen Aufgaben und Zielen eine klare Struktur zu geben. Somit weißt Du, welche Dinge für Dich welche Bedeutung haben.

Um ein Gefühl für die praktische Anwendung dieser Methode zu bekommen, ordnest Du Deine Aufgaben hinein oder zur einfachen Übung folgende Wörter:

Müll runterbringen, Steuererklärung machen, Testament schreiben, Patientenverfügung erlassen, Erfolg im Beruf, harmonische Partnerschaft, Verwandte anrufen …

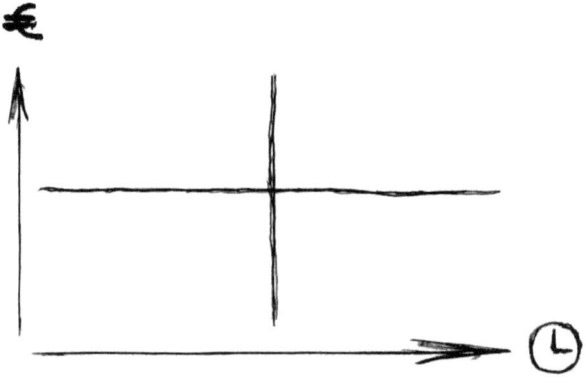

TO-DO

Ordne die oben genannten Wörter in das Eisenhower-Prinzip-Kästchen ein und wiederhole dies sieben Tage lang jeden Morgen mit Deinen tatsächlichen To-dos!

5
Listen

1. *Streiche Dich positiv!*
2. *Die Juhuu-Liste*
3. *Die Nein-Liste*
4. *Die Renner- und Penner-Liste*
5. *Die Happy-Moments-/Bad-Moments-Liste*

REZEPT Nr. 24
Streiche Dich positiv!

Das klingt zwar merkwürdig, funktioniert jedoch tatsächlich. Es kann ein sehr zufriedenstellendes Gefühl sein, eine Aufgabe abzuhaken, beispielsweise auf Deiner To-do-Liste oder im Aufgabenplaner. So hast Du nicht nur das Gefühl, etwas geschafft zu haben, sondern machst es auch bildhaft und verstärkst es dadurch. Dieses Phänomen untersuchte die russische Psychologin Bljuma Zeigarnik, die in den 1930er-Jahren eine Studie zum Thema Vergessen und Erinnern fertiggestellter und unterbrochener Handlungen durchführte. Die Theorie besagt, dass Handlungen, die Du fertig stellst, kürzer im Gedächtnis bleiben, als Handlungen, die unterbrochen wurden. So wurden einige Probanden der Studie bei verschiedenen Aufgaben, wie zum Beispiel ein Bild malen, unterbrochen und die anderen stellten die Aufgabe fertig. Im Nachhinein wurden die Probanden zu den Aufgaben befragt und es stellte sich heraus, dass sich die Probanden mit den erledigten Aufgaben deutlich schlechter an die einzelnen Aufgaben erinnerten. Genau das nennt sich der Zeigarnik-Effekt! Das Gehirn vergisst, beziehungsweise entfernt die *fertigen* Aufgaben aus dem Gedächtnis, da diese nicht weiter relevant sind. Die *unfertigen* bleiben weiterhin im Gedächtnis, bis sie erledigt sind. Genau deshalb macht es uns so Spaß, To-do-Listen abzuhaken, unser Kopf wird dadurch wirklich etwas freier und leichter.

TO-DO

Schreib Dir eine klassische To-do-Liste für den morgigen Tag. Probiere in den kommenden zwei Wochen auch die anderen Listen aus den nächsten Rezepten aus und entscheide danach, welche Dir am besten gefällt und für Dich sinnvoll ist.

REZEPT Nr. 25
Die Juhuu-Liste

Die To-do-Liste nimmt kein Ende? Dir graut es bei dem Gedanken an sie und Du stellst fest, dass Du noch immer sooo viel zu erledigen hast? Deshalb legst Du Dich lieber auf das Sofa und machst ein Mittagsschläfchen?

Ja, das stimmt, eine To-do-Liste ist nicht immer motivierend und genau aus diesem Grund legst Du Dir eine Juhuu-Liste an. Eine Juhuu-Liste ist, im Gegensatz zur To-do-Liste, eine Liste, auf der Du festhältst, was alles Du schon geschafft hast. Du führst Dir somit vor Augen, was alles schon erledigt ist, das wirkt motivierend und schafft gleichzeitig einen guten Überblick über Dein Aufgabenmanagement. Eine weitere Art von Juhuu-Liste ist, Dir außerdem Dinge aufzuschreiben, auf die Du Dich freust. Ich nenne sie Juhuu-Future-Liste. Du machst also eine Liste mit Aktivitäten, Ereignissen et cetera die in den kommenden Tagen passieren, vielleicht ist das ein Essen mit Freunden, ein neues Buch oder ein Spaziergang in der Sonne. Eben alles, was Dir Freude bereitet. Der Ausgleich zwischen To-do und Juhuu ist sehr wichtig und steht definitiv nicht in Konkurrenz zueinander. Bist Du überhaupt ein Listenschreiber? Für mich ist es einfach die beste Lösung, Ordnung in meinen Chaoskopf zu kriegen. Probiere es auf jeden Fall aus! Also eine To-do-Liste, eine Juhuu-Liste mit erledigten Punkten und eine Juhuu-Future-Liste mit Dingen, auf die Du Dich freust.

Deine Juhuus sind genauso bedeutsam,
wie Deine To-dos!

TO-DO

Welche Juhuus hast Du in Deiner letzten Woche schon
erledigt? Erinnere Dich an mindestens drei Dinge, die
Du schon geschafft hast!

REZEPT Nr. 26

Die Nein-Liste

Kannst Du das noch ganz schnell für mich erledigen? Das dauert auch wirklich nicht lange. Bring mir das doch noch schnell rüber? Hast Du vielleicht noch kurz Zeit, mir das zu erklären? Na, kommen Dir diese Sätze bekannt vor? Und ist Deine Antwort meistens *Ja*, obwohl Du liebend gerne *Nein* sagen würdest? Du kannst nicht immer für alle da sein. Du hast ein begrenztes Kontingent an Jas und an Neins. Und ein paar von den Jas hebst Du Dir außerdem für Dich auf! Von den Neins übrigens auch, manchmal musst Du zu Dir selbst Nein sagen. Nein zur dritten Nachtschicht, Nein zum Babysitten oder Nein zum Schokoriegel, also zu allen möglichen Sachen. Das ist Deine persönliche Entscheidung. Zu welchen Sachen willst Du in Zukunft Nein sagen? Schreib Dir eine Nein-Liste! Nein sagen ist auch eine Art von Zeitmanagement. Nimm Dir nur Zeit für Aufgaben, bei denen Du auch voll dahinterstehst. Ansonsten erledigst Du sie sowieso nur halbherzig und das ist eindeutig verschwendete Zeit.

Es fällt uns oft nicht leicht, Nein zu sagen, das hat verschiedene Gründe. Wir wollen niemanden im Stich lassen, uns gefällt das Gefühl gebraucht zu werden, wir haben Angst vor Zurückweisung oder wir wurden einfach zwischen Tür und Angel erwischt. Wie schaffst DU es, Nein zu sagen? Zum ersten machst Du Dir klar, dass ein Nein okay und auch gut ist. Am besten verpackst Du es so, dass die Person versteht, warum Du Nein sagst. Sei ehrlich und leg Deine Gründe offen, somit vermeidest Du unausgesprochene Konflikte und stärkst einen offenen Umgang miteinander.

Hier ein paar Tipps zum freundlichen Nein sagen:

Lass Dir Zeit!

Um Dir Deine Entscheidung zu erleichtern, nimmst Du Dir immer etwas Zeit zum Nachdenken, bevor Du zu- oder absagst. Dadurch gibst Du Deinem Gegenüber eine klare Ansage und machst keine falschen Hoffnungen.

> *„Da muss ich nochmal kurz drüber nachdenken, ich melde mich dann später."*

> *„Das kann ich jetzt noch nicht genau sagen, ich gebe dir nachher Bescheid."*

> *„Ich will dir nichts versprechen, lass mich erst nochmal nachschauen, ob ich das zeitlich auch alles hin bekomme."*

Begründe Dein Nein!

Erkläre Deinem Gegenüber, warum Du Nein sagst. Dabei entschuldigst Du Dich nicht, sondern machst einfach deutlich, dass Du momentan dafür keine Zeit hast.

> *„Ich habe leider wirklich andere Dinge zu tun und kann momentan nicht noch mehr Aufgaben auf mich nehmen."*

> *„Ich stehe nicht zu 100 % dahinter und könnte dir nicht mit vollem Herzen helfen."*

> *„Wenn ich ganz ehrlich bin, würde mich diese Bitte gerade überlasten, ich muss dir leider absagen."*

Gehe auf die andere Person ein!

Zeige Deinem Gegenüber Deine Wertschätzung und mache klar, dass es keine persönlichen Gründe hat. Außer es hat persönliche Gründe ;)

> *„Ich habe gerade keine Zeit dafür."*

> *„Super, dass du mich fragst, momentan passt mir das nicht in meinen Terminkalender."*

> *„Leider geht das im Moment nicht, frage mich in Zukunft ruhig nochmal."*

Praktischer Tipp: Du hast nur eine Anzahl an Jas pro Tag zur Verfügung, sind diese aufgebraucht, wird es automatisch ein Nein. Senke diese Anzahl Stück für Stück.

TO-DO

Überlege Dir, zu welchen Dingen Du in den letzten Tagen gerne Nein gesagt hättest und schreibe sie auf Deine niegelnagelneue Nein-Liste. Plane deine Neins voraus. Wer wird Dich wieder etwas fragen oder dich um etwas Bitten? NEIN.

Die Renner- und Penner-Liste

Der Name ist wohl selbsterklärend, Du fertigst eine Liste an, auf der Du Deine Renner (gut) und Penner (schlecht) festhältst. Renner sind positiv, effektiv und rentabel. Penner dagegen sind negativ, störend und nervig. Nimm das mit dem Begriff Penner nicht zu genau, das ist natürlich nur eine Metapher. Diese Liste verwendest Du zur Einteilung aller möglichen Dinge, ob das Deine To-dos, Deine Produkte, Deine Kunden, Deine Mitarbeiter, Deine Kollegen, Arbeitsprozesse oder Nutzgegenstände sind, ist egal. Mach Dir einfach immer eine Liste mit der Einteilung Renner (gut) und Penner (schlecht), mit der Zeit siehst Du dann, auf wen oder was Verlass ist. Falls Dir die Einteilung Renner-/Penner-Liste nicht zusagt, denke Dir doch einfach Deine eigene Bezeichnung aus. Das primäre Ziel beim Renner-/Penner-Prinzip ist einfach, die unnötigen und unqualifizierten Verlustbringer zu identifizieren und dann zu optimieren oder loszuwerden.

Kleiner Tipp: Wende die Renner- und Penner-Liste mal auf Deine Besitztümer an! Geh durch Deine Wohnung oder Dein Zimmer, Deinen Dachboden, Deinen Keller und überlege, welcher der Gegenstände ist ein Renner oder ein Penner. Das Ausmisten von unnötigen Sachen trägt auch zur inneren Ruhe bei!

TO-DO

Geh in Dein Wohnzimmer und fertige eine Renner-
und Penner-Liste über die vorhandenen Gegenstände
an. Die Penner-Gegenstände bringst Du noch diese
Woche zu einem Sozialkaufhaus in Deiner Nähe oder
verschenkst sie. Außer sie sind wirklich gar nicht mehr
zu gebrauchen, dann kommen sie in den Müll.

REZEPT Nr. 28

Die Happy-Moments-/ Bad-Moments-Liste

Was, noch 'ne Liste? Jetzt reicht's mal, da versink ich doch im Zettelwahnsinn! Ja, vielleicht denkst Du Dir das auf den ersten Blick, Du hast nie zu viele Listen, versprochen! Sie helfen wirklich durchweg, außerdem benutzt Du ja auch nicht alle vorgestellten Listen, sondern nur die, die Dir persönlich zusagen! Die Happy-Moments-/Bad-Moments-Liste ist für alle geeignet, die gerne vergleichen und abwägen. Für alle, die an einem ausgewogenen Überblick ihrer Emotionen interessiert sind.

Wie der Name andeutet, notierst Du Dir Deine glücklichen und Deine unglücklichen Momente des Tages oder der Woche auf einer Liste. So siehst Du einerseits, was gut geklappt hat, was Du magst und andererseits, woran Du noch arbeitest und Dich entwickelst. Wenn Du schlecht drauf bist, guckst Du Dir Deine Happy Moments an und wenn Du mal etwas extra Energie hast, Deine Bad Moments, um diese dann zu analysieren und deren Grund ausfindig zu machen. Mit dem Wissen um den eigentlichen Grund, veränderst Du Deine Gewohnheiten, um in Zukunft den Bad Moment in einen Happy Moment umzuwandeln.

Die nächste Stufe Deiner Happy-Moments-Liste ist es, vorrausschauend Deine Happy Moments des Tages, der Woche und des Jahres zu planen! Das hat den Vorteil, dass Du aktiv an Deinen Happy Moments teilnimmst. Warte nicht einfach ab, dass Dir etwas Gutes passiert, setz Dich aktiv dafür ein. Ich persönlich nehme mir ein bis zwei Happy Moments vor, das kann alles Mögliche sein! Tu Dir auf jeden Fall immer wieder mal etwas Gutes, es ist völlig egal, ob das ein neues Buch, ein Sushi-Essen oder ein Abend für Dich ganz alleine ist! Es sind ja schließlich Deine Happy Moments und es geht einfach darum, diese aktiv und bewusst zu leben.

TO-DO

Na wer ahnt es? Dein To-do ist in diesem Fall wieder relativ klar, fertige eine Happy-Moments- und eine Bad-Moments-Liste an! Fange mit der letzten guten und der letzten schlechten Sache an, die Dir passiert ist beziehungsweise an die Du Dich erinnerst!

6
Tools

REZEPT Nr. 29

Die Eieruhr

Ach ja, die klassische Eieruhr, die gibt's in jedem Haushalt. Oder war das mal so? Das klassische Smartphone hat ja auch eine Stoppuhr. Somit passt die Eieruhr nicht ganz in den minimalistischen Lebensstil der Menschen des 21ten Jahrhunderts.

Warum empfehle ich Dir diesen kleinen Helfer also doch? Ganz einfach, Zeitmanagement ist nicht immer einfach, die Zeit ist nicht greifbar und unser Zeitgefühl lässt uns daher ab und zu im Stich. Wir kennen das alle, mal verfliegt die Zeit, mal will sie einfach nicht vergehen. Eine Eieruhr zu benutzen, macht die Zeit etwas weniger abstrakt. Sie wird zu einem Ding, das Du anfasst und anguckst. Du entwickelst bei regelmäßiger Benutzung ein besseres Zeitgefühl und nimmst Dir nur die Zeit, die Du auch eingeplant hast für etwas. Auf jeden Fall nimmst Du Dir mit einer Eieruhr nicht mehr Zeit dafür. Ähnlich wie bei Rezept Nr. 13, dem Parkinsonschen Gesetz, geht es darum, mal die Grenzen auszutesten. Nimm Dir mal bewusst weniger Zeit für bestimmte Aufgaben und zwar richtig radikal! Schreibst Du beispielsweise gerade an einer Hausarbeit, dann versuchst Du mal, anstatt noch zwei Stunden daran zu arbeiten und doch immer wieder rumzutrödeln, nur eine halbe Stunde einzuplanen. Wie arbeitest Du, damit Du trotzdem das Gleiche leistest? Probiere das einfach mal aus, Du hast ja nichts zu verlieren! Stell Deine Eieruhr also ruhig auf ein paar Minuten weniger und versuche wahnsinnig effizient zu sein!

Ich kann die Eieruhr *Time Timer Countdownuhr 18 cm 8 Zoll, JAC5008* empfehlen, einfach über Amazon bestellbar. Das Modell hat eine super Größe, ist einfach zu bedienen und ganz wichtig, es macht keine Geräusche beim Ticken, da es ein leises Quarzuhrwerk enthält. Dieses Modell hat eine Zeitspanne von 1-60 Minuten und außerdem ein rotes Farbfeld, das die noch verbleibende Zeit darstellt. Super Ding!

TO-DO

Besorge Dir eine Eieruhr und fange an, sie zu benutzen! Hab sie immer dabei und probiere sie bei jeder Gelegenheit mal aus!

REZEPT Nr. 30
Zeitplanbücher

Wie ist das bei Dir? Benutzt Du noch Zeitplanbücher und Agenda oder verlässt Du Dich voll und ganz auf Deinen Google-Online-Kalender? Falls das so ist, besorge Dir schleunigst ein Zeitplanbuch! Warum? Das hat verschiedene Gründe. Der Hauptgrund ist die Visualisierung Deiner Termine und Pläne. Kommen wir erst nochmal zum Zeitplanbuch an sich, es ist eine Art Terminplaner, bloß dass der Fokus auch auf der Planung und Umsetzung Deiner Projekte und Aufgaben liegt. Du schreibst also nicht nur Deine Termine rein, sondern befasst Dich auch mit ihrer Planung. Ein Zeitplanbuch hilft Dir bei der Organisation Deines Alltags und Deiner Ziele. Durch die schriftliche Visualisierung, prägen sich Deine Aufgaben besser in Dein Gehirn ein. Mit der Zeit bekommst Du so einen genaueren Überblick über Deine alltäglichen Strukturen. Achte bei der Anschaffung eines Zeitplanbuchs unbedingt auf die Optik! Such Dir ein Modell aus, das Dir gefällt und auf Deine persönlichen Vorlieben eingeht. Optimalerweise hast Du nämlich Dein Zeitplanbuch *immer* dabei. Am Anfang vergisst Du es vielleicht noch ab und zu, Du gewöhnst Dich daran und schon bald ist es das jährliche Weihnachtsgeschenk!

TO-DO

Erinnerst Du Dich an Deinen letzten Kalender? War das noch in der Schule oder hast Du auch noch heute immer einen Kalender dabei? Falls ja, hast du dieses To-do schon erledigt, juhuu! Meine Aufgabe an Dich ist nämlich folgende: Besorge Dir einen Kalender und nimm ihn überall hin mit. Du wirst sehen, er wird Dir schnell ein treuer und verlässlicher Gefährte. Ich für meinen Teil hege wirklich eine emotionale Verbindung zu meinem Kalender, wahrscheinlich deshalb, weil er mich vor einigem Ärger bezüglich verpasster Termine und Geburtstage bewahrt. ☺

7

Apps

1. Wunderlist

2. Doodle

3. Freedom

Ich bin gespannt, ob jeder, der dieses Buch in der Hand hält, in der anderen sein Smartphone bereit hat. Weiterhin schätze ich, dass es zumindest in Reichweite beziehungsweise im Blickfeld liegt. Die Aufschieberitis feiert nämlich ein ganz schnelles Comeback, sobald es wieder ein neues Tindermatch gibt oder eine neue Nachricht in der Familiengruppe, ein lustiges Foto, eine Sprachaufnahme der Chefin und, und, und, bla, bla, bla. Natürlich kannst Du Dich in der heutigen Welt nicht der modernen Technologie entziehen, aber das komplette Leben sollte sie nicht bestimmen. Schneller als Du denkst, regiert Dein Smartphone Deine Welt. Als Kind durftest Du auch nicht unendlich lange Fernsehen gucken oder Nintendo zocken. Halte das auch im Erwachsenenleben so.

Jetzt kommt das *Aber*:

Es gibt jedoch Apps, die insbesondere in Sachen Planung und Organisation, das Leben um einiges einfacher machen. Von diesen möchte ich Dir drei vorstellen! Um davor nochmal auf die Smartphone-Life-Balance zurückzukommen, nimm Dir pro Tag mindestens eine smartphone-/handyfreie Stunde. Beim Aufstehen, beim Schlafengehen, beim Frühstück oder am besten: beim Spazierengehen. Ab nach draußen! Geh in die Natur und nimm nichts mit, was Dich ablenken kann, glaub mir, es tut einfach gut. Falls Dir eine Stunde zu radikal ist, versuch's doch einfach erstmal mit 15 oder 30 Minuten. Nimm Dir die Zeit und geh RAUS! So, das war die kleine Moralpredigt zu Beginn und jetzt fokussieren wir uns auf die guten Sachen und die wohl grandiosesten Einfälle des 21ten Jahrhunderts in Bezug auf den Gebrauchsgegenstand Nr. 1: Dein Smartphone.

Die Wunderlist

Wunderbar, diese Wunderlist! Super praktisch und extrem übersichtlich. Unter den To-do-Listen ist die Wunderlist ein ganz besonderes Exemplar. Sie ist nämlich weit mehr als eine To-do-Liste, für mich ist ihre wichtigste Eigenschaft, die Möglichkeit der gemeinsamen Benutzung der Listen. Was heißt das? Also Du hast verschiedene Listen und auf diese greifen verschiedene User zu, logischerweise nur die, die Du hinzugefügt hast. Du und Dein/e Partner/in können so zum Beispiel eine Einkaufsliste führen, auf die ihr beide Zugriff habt und so immer direkt sehen könnt, wer was schon gekauft hat. Außerdem ist die Wunderlist auch super für die Aufgabeneinteilung auf Arbeit! Du verteilst schnell und unkompliziert die To-dos und jeder kann sie sofort online abrufen. Die Wunderlist ist also sowohl privat als auch öffentlich nutzbar. Im Alltag, auf Arbeit naja eben einfach für alles gut.

Ganz klar, Wunderlist = wunderbar.

TO-DO

Überlege, ob für Dich die Wunderlist in Frage kommt, ist es für Dich praktisch mehrere Personen über diesen Online-Anbieter gleichzeitig zu erreichen? Welche Funktionen sprechen Dich an? Probiere es einfach aus, ich will nicht mehr darauf verzichten!

REZEPT Nr. 32

Doodle

Die Doodle-App ist mittlerweile weit verbreitet! Ich hoffe, Du kennst sie! Falls nicht, wird es definitiv Zeit dafür. Kennst Du das, wenn Du beispielsweise einen Urlaub mit Freunden planst, organisierst, überlegst und dann scheitert es mal wieder an der terminlichen Umsetzung? Der Urlaub fällt flach, weil es einfach nicht geschafft wurde, einen geeigneten Termin zu finden? Klar, jeder ist busy und feste Absprachen zu treffen, steht im Zeitgeist nicht besonders hoch. Flexibilität wird größer geschrieben als je zuvor. Genau dafür ist die Doodle-App gut! Sie wahrt Flexibilität und schafft gleichzeitig einen Raum, in dem finale Entscheidungen getroffen werden. Doodle erstellt Online-Umfragen. Das heißt, Du bietest eine Option an, zum Beispiel Meeting am 22.3. oder 24.3. (die Optionen sind natürlich unbegrenzt) und alle zu dieser Umfrage eingeladenen Personen wählen ihr gewünschtes Datum aus und am Ende hast Du eine Übersicht, wer wann kann. Ganz easy, super schnell und extrem zeitgemäß. Der Vorteil gegenüber Whatsapp ist die Übersichtlichkeit, Du scrollst nicht ewig im Verlauf nach den Antworten und behältst den Überblick, ohne nervige Katzenvideos oder irgendwelche sinnlosen Einwände Deiner Freunde.

TO-DO

Ganz einfach, scroll mal Deine Whatsappgruppen durch und schau Dir den Wahnsinn nochmal im Nachhinein an. Das kann doch nur ein Scherz sein? Wie sinnlos ist das bitte!? Also das nächste Mal Doodle benutzen, ganz klare Sache!

REZEPT Nr. 33

Freedom

Du bist auch ein Gefangener Deines Smartphones? Soweit Du kein Physiotherapeut bist, freut Dich das wahrscheinlich nicht. Warum sich die Physiotherapeuten freuen? Denk mal scharf nach. Die Generation Smartphone, also mittlerweile alle über sechs Jahre, starren ständig auf ihr Handy. Beim Essen, beim Reden, im Bus, auf Arbeit, in Meetings, in jeder Art von Pause und nicht selten auch beim Laufen. Der Kopf ist dabei meist leicht gebeugt und der Nacken gekrümmt. Das wird über die Jahre zum Problem, Nackenschmerzen sind das neue ADHS für Erwachsene. Also liebe Physiotherapeuten, freut euch auf die wachsende Kundschaft! Auch die Überlastung von Daumen und Hand durch die ganze Tipperci ist eine echte Belastung. Bei einer Entzündung der Handgelenke aufgrund intensiver Smartphonebenutzung wird auch schon von Whatsappititis gesprochen. Empirische Untersuchungen in England haben sogar nachgewiesen, dass sich die Knochenstruktur der Hand, insbesondere des Daumens, schon genetisch verändert hat, angepasst an das neue Tippverhalten. So, zurück zum Thema und auch zur Vorbeugung der kommenden Nacken- und Handschmerzen: Freedom, die App. Freedom hilft Dir, Deine Produktivität zu steigern, indem sie Dich vor Ablenkungen im Web schützt. Du willst beispielsweise gezielt eine halbe Stunde Lernen, Du weißt dass Facebook Deine Pläne durchkreuzen wird? Dann kommt der Zeitpunkt, an

dem Du mit der Freedom-App die Website für beispielsweise 30 Minuten blockierst. In diesen 30 Minuten ist die
Seite dann nicht mehr aufrufbar und kann somit gar nicht
erst zur Ablenkung werden. Perfekt!

TO-DO

Sobald Du das nächste Mal am Schreibtisch sitzt,
schaltest Du die Freedom-App ein. Du arbeitest entspannter und effektiver. Probier es aus, es hilft garantiert!

8
Fazit

Das waren sie also, die **33 Rezepte** gegen die **„Aufschiebe-ritis – Die Volkskrankheit Nr. 1"**. Ich hoffe, Du fängst sofort an oder hast schon angefangen, sie auszuprobieren. Natürlich musst Du nicht alle befolgen, leg dieses Büchlein auf Deinen Nachttisch und schau immer mal wieder rein. Einfach kurz vorm Schlafengehen irgendwo aufschlagen und Dir nochmal ein Rezept ins Gedächtnis rufen! Beständigkeit ist das Zauberwort und weil es definitiv nicht einfach ist, Gewohnheiten im Leben zu etablieren, erinnerst Du Dich durch dieses Buch immer wieder daran. Das ständige Aufschieben macht das Leben anstrengend und verhindert persönliche Weiterentwicklung. Du durchbrichst den Teufelskreis des Aufschiebens mit diesen verschiedenen Rezepten, wichtig bei der Bekämpfung der Aufschieberitis ist Deine Herangehensweise! Du kennst ja jetzt zahlreiche Tipps und hast das Know-how, loszulegen und dafür möchte ich Dir noch eine Sache mit auf den Weg geben: Stress Dich nicht! Und ja, das meine ich wirklich ernst, dieser Rat hört sich total trivial an, das ist er nicht. Ganz im Gegenteil. Diesen Satz zu verinnerlichen, ist eine der schwersten Aufgaben. Du kannst nichts im Leben erzwingen und brauchst Geduld und Durchhaltevermögen, um Deine Ziele zu erreichen. Reflektion und Erfahrung sind Dinge, die Zeit brauchen und nicht von heute auf morgen passieren. Klar kannst Du Deinen Tag mit immer mehr Aufgaben und Terminen vollstopfen, wie meistens im Leben gilt auch hier: Qualität vor Quantität. Mit 300 km/h durchs Leben zu rasen, ergibt keinen Sinn.

Der bekannte Soziologe Hartmut Rosa redet in diesem Sinne von der Beschleunigungstheorie: „Wir wollen immer mehr Zeit sparen, immer mehr Dinge in weniger Zeit erledigen und immer mehr Sachen erleben. Die Zeit rennt und wir rennen hinterher. Es klingt banal, doch Du löst Dich davon, indem Du wieder mehr auf Dich selbst achtest. Das musst Du als erstes in Angriff nehmen, vergiss nicht über Dich und Deine Gefühle nachzudenken. Was willst Du?"

Wie bei dem Rezept Nr. 16 „Die Vision des Tages", brauchst Du auch eine Vision für Dein Leben. Was ist Dir wichtig? Wo willst Du keine Abstriche machen? Nimm dieses Taschenbuch in die Hand, um Dein Leben noch mehr in die Hand zu nehmen! Lass Dich inspirieren und such Dir die Taktiken, die Dir helfen! Einfach probieren und loslegen, auch Fehlschläge führen zum Ziel. Wie gesagt, Du hast Zeit, nimm sie und nutze sie! Und wenn Dir diese Rezepte geholfen haben, dann freu Dich schon auf den kommenden zweiten Teil! In diesem erwarten Dich noch mehr praktische Tipps und Rezepte mit besonderem Fokus auf die Verwendung von nützlichen Apps! Sei gespannt! Naja und sicher wird es den dritten Teil auch geben, aller guten Dinge sind doch drei, oder?

In diesem Sinne wünsche ich allen Lesern ganz viel Energie. Los geht's, endlich Tacheles reden – mit Dir selbst und Deinem Umfeld! Das Leben ist schön. *Dein Daniel Hoch*

Über den Autor

Daniel Hoch nimmt kein Blatt vor den Mund

Daniel Hoch kennt keine Tabus und legt die Karten offen auf den Tisch. Seit über 15 Jahren forscht und referiert der Top Speaker und Life-Coach auf höchstem Niveau in den Bereichen: Klarheit, Souveränität und Erfolg. Auf faszinierende Weise verbindet er Wissen mit Entertainment und hilft so Menschen, ihr bisher unentdecktes Potenzial bewusszuzumachen und vollkommener auszuschöpfen. Mit einer großen Prise Unverfrorenheit stellt er den inneren Dialog seiner Zuhörer und Zuschauer spürbar auf Erfolg und zieht so jedes Publikum in seinen Bann. Daniel Hoch repräsentiert den Weg der ambivalent wohlwollenden Provokation in Perfektion. Erleben Sie Tränen der Betroffenheit und der Freude.

Nominiert für den RED FOX AWARD 2019 und 2020 und ausgezeichnet vom Magazin Focus als Trainer des Jahres 2016, hat er inzwischen 17 Bücher und zahlreiche Fachpublikationen veröffentlicht. Mehr als 10.000 Teilnehmer besuchen jedes Jahr seine Seminare und Vorträge. Als Experte steht er regelmäßig in Funk und Fernsehen vor der Kamera. An Hochschulen und Universitäten ist er als Profi ein sehr begehrter Gastdozent. Lassen Sie sich von Daniel Hoch berühren, wachrütteln und begeistern.

Keynotes/Workshops

- MINDPUNK® – Denken und Leben für neue Götter

- KOPFKINO – Warum der richtige Fokus lebensentscheidend ist

- RESILIENZ – Umgang mit Krisen & Veränderungen

- AUFSCHIEBERITIS® – Wie Du Dich und Deine Gewohnheiten in den Griff bekommst

- KLARTEXT – Geheimnisse erfolgreicher Kommunikation

- KÖRPERSPRACHE – Die Zunge lügt, der Körper nie

Kontaktdaten

E-Mail: presse@danielhoch.com
Web: www.danielhoch.com
Telefon: 0341 22814045

Veröffentlichungen von Daniel Hoch

MINDPUNK®
Denken und Leben für neue Götter

Die Veränderungen da draußen sind rasant und chaotisch: Die neue Welt prallt auf das alte Denken und es gibt einen gewaltigen Clash! Human (R)Evolution – Krieg der Werte und Generationen. Darwin ist out. Was hilft, ist ein Paradigmenwechsel ohne Wenn und Aber, denn Changemanagement ist tot und Veränderung funktioniert nicht mehr.

Auf ernsthafte und zugleich charmante Art zeigt Daniel Hoch, wie jeder Mensch zum MINDPUNK® wird: Welche Prinzipien in Zeiten des Wandels von Kulturen, Werten und Generationen immer wichtiger werden und wie wir sie leben. Er inspiriert mit Einblicken in seine persönliche Entwicklung und mit Momenten aus dem Leben – für das Leben. Für alle.

ISBN Hardcover: 978-3-948767-04-4
ISBN E-Book: 978-3-948767-05-1
ISBN Hörbuch: 978-3-948767-06-8

Preis: 29,99 €

CHECK YOUR LIFE!
Fragen für Dich & Dein Leben

Viele Menschen wünschen sich ein Leben, das mehr ihrem Sinn entspricht. Nur irgendwie klappt es nicht. Um der eigenen Lebensvision Stück für Stück näher zu kommen, braucht es Selbstreflexion. Denn die Gründe, warum wir noch nicht das Leben führen, von dem wir träumen, liegen immer in uns, im Selbst.

Um Deine Antworten des Lebens zu finden, stellt Dir Daniel Hoch in seinem Workbook „CHECK YOUR LIFE! Fragen für Dich & Dein Leben" 99 tiefgreifende und zum Teil provokante Fragen, die Dir helfen, Dich intensiv und nachhaltig zu reflektieren. Mit CHECK YOUR LIFE! entfaltest Du neue, bisher unentdeckte Potenziale, findest mehr Deinen Sinn und gewinnst Klarheit darüber, wie Du Dein Leben erfüllender er-schaffst und gestaltest.

ISBN Paperback: 978-3-948767-00-6
ISBN E-Book: 978-3-948767-01-3
ISBN Hörbuch: 978-3-948767-41-9

Preis: 24,99 €

TUN®
Am Ende zählt nur das Ergebnis,
nie die Ausreden.

Die Buchinhalte sind Ihr täglicher Ratgeber gegen die „Aufschieberitis®", um die privaten und beruflichen Ziele definitiv und sinnvoll zu erreichen. Die Rezepte beziehen sich nicht nur auf Ihr persönliches Handeln, sondern vor allem auf das unternehmerische und zielorientierte TUN®.

ISBN Paperback: 978-3-948767-02-0
ISBN E-Book: 978-3-948767-03-7
ISBN Hörbuch: 978-3-948767-40-2

Preis: 24,99 €

AUFSCHIEBERITIS® –
Die Volkskrankheit Nr. 1

In der zweiten Auflage dieses Buches erfahren Sie alles über Ursachen, Symptome sowie schwerwiegende Nebenwirkungen der Volkskrankheit „Aufschieberitis".

Lesen Sie, wie Sie mit dieser scheinbar harmlosen, aber auf weite Sicht lebensbedrohliche Diagnose umgehen. Nutzen Sie Daniel Hochs neue Erfolgsrezepte, um die Krankheit zu besiegen und schützen Sie sich vor erneuter Ansteckung! Die zweite Auflage überzeugt durch neue Erkenntnisse, aktuelle Studien und Interviews: Damit bezwingen Sie Ihren Schweinehund garantiert!

ISBN Paperback: 978-3-948767-07-5
ISBN E-Book: 978-3-948767-08-2
ISBN Hörbuch: 978-3-948767-98-3

Preis: 19,99 €

AUFSCHIEBERITIS®
bei Führungskräften

In diesem Buch erkennen Sie Ursachen, Symptome und schwerwiegende Nebenwirkungen der „Volkskrankheit Aufschieberitis® bei Führungskräften". Nutzen Sie die Erfolgsrezepte der beiden Führungskräfte-Coaches Daniel Hoch und Christine Carus für Ihren eigenen Führungsalltag. Bezwingen Sie mit den Erkenntnissen Ihren Schweinehund und handeln Sie!

ISBN Paperback: 978-3-948767-09-9
ISBN E-Book: 978-3-948767-10-5
ISBN Hörbuch: 978-3-948767-46-4

Preis: 19,99 €

AUFSCHIEBERITIS®
bei Studenten

In diesem Buch erkennst Du Ursachen, Symptome und schwerwiegende Nebenwirkungen der „Aufschieberitis®" bei Studenten. Nutze meine Erfolgsrezepte als Führungskräfte- und Mental Coach für Deinen Studentenalltag. Bezwinge mit diesen Erkenntnissen und Rezepten Deinen Schweinehund!

ISBN Paperback: 978-3-948767-11-2
ISBN E-Book: 978-3-948767-12-9
ISBN Hörbuch: 978-3-948767-47-1

Preis: 14,99 €

Leadership Bibel
Klarheit und Souveränität in der Führung

Souveräne Führung hat zwei wichtige Zielsetzungen: Einerseits das wirtschaftliche Ergebnis, also die Zahlen, Daten, Fakten und andererseits die Erfüllung der menschlichen Bedürfnisse aller Teammitglieder, um produktiv mit Freude zu arbeiten. Eine souveräne Führungskraft vereint beides und entwickelt ein prinzipienorientiertes Führen auf Basis der Eigenverantwortung jedes Teammitglieds. So schöpfen Sie die Potenziale des gesamten Teams aus und schaffen Arbeitsfreude in einem innovativen Füreinander.

Daniel Hoch zeigt Ihnen in der „Leadership Bibel", wie Sie durch Prinzipien moderner Führung mehr Klarheit und Souveränität schaffen. Sie erfahren, wie Sie sich als Führungskraft optimal organisieren und lernen, wie Sie erfolgreich und klar kommunizieren. Er-schaffen Sie ein völlig neues Arbeitsgefühl für Ihr Team und für Sie selbst.

ISBN Paperback: 978-3-948767-23-5
ISBN E-Book: 978-3-948767-24-2
ISBN Hörbuch: 978-3-948767-37-2

Preis: 14,99 €

Home Office Bibel
Digital Leadership | Virtuelle Meetings
Produktives Arbeiten

Home Office – Der Traum des Einen und der Fluch des Anderen klingt nach weniger Stress, weniger Konflikte mit anderen, keine Fahrtwege und mehr Freiraum. Das ist nicht nur der Wunsch vieler Menschen, sondern auch eine absolute Herausforderung.

In der „Home Office Bibel" zeigt Ihnen Daniel Hoch seine wirkungsvollsten Tricks & Rezepte zu den Themen: Digital Leadership, Virtuelle Meetings und Home Office Working. Sie erfahren, welche Prinzipien Ihnen zu mehr Produktivität verhelfen, wie Sie Ihre Selbstmotivation enorm steigern und wie Sie mit Störenfrieden und Fettnäpfchen souverän umgehen.

ISBN Paperback: 978-3-948767-35-8
ISBN E-Book: 978-3-948767-36-5
ISBN Hörbuch: 978-3-948767-39-6

Preis: 14,99 €

Meeting Bibel
Quickie oder Orgie?
Rezepte für perfekte Meetings

Meetings. Jeder kennt sie, keiner liebt sie. Kein Wunder, wenn sie zu ewig langen und einschläfernden Veranstaltungen werden, bei denen nichts herauskommt. Durch schlecht organisierte Meetings verschwenden Sie Energie, Zeit und Geld. Das Potenzial, das im gemeinsamen Austausch steckt, geht meist verloren. Als Führungskraft ist es Ihre Aufgabe, genau dem entgegenzuwirken. Auf provokante Art zeigt Ihnen Daniel Hoch in der „Meeting Bibel" innovative Prinzipien und eine in der Praxis erprobte neue Meetingkultur. Durch wirkungsvolle Rezepte und kreative Tipps zeigt er Ihnen, wie Sie mit simplen Kniffen und Tricks die Qualität Ihrer Meetings sofort enorm steigern. Nicht nur Sie werden beim Lesen der „Meeting Bibel" schmunzeln, sondern auch Ihre Meetingpartner.

ISBN Paperback: 978-3-948767-21-1
ISBN E-Book: 978-3-948767-22-8
ISBN Hörbuch: 978-3-948767-99-0

Preis: 14,99 €

Sales Bibel – Die heilige Schrift
für erfolgreiche Verkäufer im Einzelhandel

Was macht den professionellen Verkäufer aus? Talent? Einsatz? Know-how? Die Antworten gehen von den Grundlagen im Denken bis hin zu extrem treffsicheren Geheimtipps. Aus vielen Strategien, Rezepten und Ideen ist dieses Handbuch entstanden, das als Standardwerk für den Verkauf dient, um eine Top-Performance zu erreichen.

ISBN Paperback: 978-3-948767-19-8
ISBN E-Book: 978-3-948767-20-4
ISBN Hörbuch: 978-3-948767-45-7

Preis: 14,99 €

33 Rezepte
gegen Aufschieberitis

Ohne Schnickschnack – einfach Rezepte, Rezepte und Rezepte. In der Trilogie bekommst Du in jedem Teil dreiunddreißig Rezepte gegen die Aufschieberitis®. Egal, wo sie auftritt, woher sie kommt und welche Ausreden Dich abhalten. Manchmal müssen wir es nicht verstehen, sondern einfach loslegen. Die Ideen und Hilfe bekommst Du hier. Inspirieren und ausprobieren. Tun.

33 Rezepte gegen Aufschieberitis · Teil 1
ISBN Paperback: 978-3-948767-13-6
ISBN E-Book: 978-3-948767-14-3
ISBN Hörbuch: 978-3-948767-48-8

33 Rezepte gegen Aufschieberitis · Teil 2
ISBN Paperback: 978-3-948767-15-0
ISBN E-Book: 978-3-948767-16-7
ISBN Hörbuch: 978-3-948767-49-5

33 Rezepte gegen Aufschieberitis · Teil 3
ISBN Paperback: 978-3-948767-17-4
ISBN E-Book: 978-3-948767-18-1
ISBN Hörbuch: 978-3-948767-50-1

Teil 1, 2 & 3 zusammen
Preis: 24,99 €

Sprücheklopfer?
Inspiration durch Provokation

Daniel Hoch haut mit seiner lockeren und zugleich herausfordernden Art immer wieder provokante Sprüche raus, die zum Nachdenken anregen. In diesem Buch zeigt er insgesamt 52 Sprücheklopfer und welcher Gedankengang hinter ihnen steckt. „Sprücheklopfer?" ist für alle, die gerne den Weg der Provokation, des anderen Blickwinkels nehmen, die schmunzeln, nachdenken und sich angegriffen fühlen wollen. Es ist weder eine Religion, Ideologie, noch ein Lebenswerk. Es ist ein Tagebuch voller Gedanken und Ideen, die dem Menschsein und dem gemeinsamen Lernen entspringen. Immer mit dem Ziel: provozieren, herausfordern, anregen, inspirieren.

Sprücheklopfer? – Inspiration durch Provokation · Teil 1
ISBN Paperback: 978-3-948767-25-9
ISBN E-Book: 978-3-948767-26-6
ISBN Hörbuch: 978-3-948767-43-3

Sprücheklopfer? – Inspiration durch Provokation · Teil 2
ISBN Paperback: 978-3-948767-27-3
ISBN E-Book: 978-3-948767-28-0
ISBN Hörbuch: 978-3-948767-42-6

Sprücheklopfer? – Inspiration durch Provokation · Teil 3
ISBN Paperback: 978-3-948767-29-7
ISBN E-Book: 978-3-948767-30-3
ISBN Hörbuch: 978-3-948767-44-0

Teil 1, 2 & 3 zusammen
Preis: 24,99 €

Sprücheklopfer?
Inspiration durch Provokation
SPECIAL EDITION 1

Daniel Hoch kennt keine Tabus und haut raus, was sonst keiner sagt – dazu gehören auch bitterböse Wahrheiten. Die Sau muss einfach mal rausgelassen werden, denn, wann darf sie das im Alltag schon mal? Die teuflische Variante, die schwarze Edition, enthält 52 Sprüche, die es in sich haben. Sie fordern Dich heraus und inspirieren Dich dazu, Dein Denken zu hinterfragen. Dafür sind Gedanken, Gewohnheiten und Situationen, die Du kennst, teilweise überspitzt, bösartig und satirisch dargestellt. Manche brauchen es einfach ein bisschen härter, um ihren Allerwertesten zu bewegen und den Kopf zum Denken anzuschmeißen. Für genau diese Menschen ist die SPECIAL EDITION der Sprücheklopfer gedacht.

Sprücheklopfer? – Inspiration durch Provokation · SPECIAL EDITION 1

ISBN Hardcover: 978-3-948767-31-0
ISBN E-Book: 978-3-948767-32-7
ISBN Hörbuch: 978-3-948767-38-9

Preis: 14,99 €